M-GTAモノグラフ
シリーズ

4

学校組織における
ミドル・アップダウン・
マネジメント

アイデアはいかにして生み出されるか

畑中大路 =著

ハーベスト社

目　次

M-GTA モノグラフ・シリーズの刊行によせて
　　　　　　……………………（小倉啓子、水戸美津子、木下康仁）

序章………………………………………………………………… 9
　　第1節　問題の所在 ……………………………………… 9
　　第2節　研究目的および分析視座 ……………………… 15
　　第3節　本書の構成 ……………………………………… 16

第1章　概念整理…………………………………………… 19
　　第1節　ミドルリーダー概念の整理 …………………… 19
　　第2節　ミドル・アップダウン・マネジメントと学校経営 … 24

第2章　ミドル・アップダウン・マネジメントの実際(1)… 31
　　　　　——「運動会の運営」を事例として——
　　第1節　分析対象および研究方法 ……………………… 31
　　第2節　事例の実際 ……………………………………… 36
　　第3節　考察 ……………………………………………… 52

第3章　ミドル・アップダウン・マネジメントの実際(2)… 57
　　　　——校内研修における授業研究の継続を事例として——
　　第1節　分析対象および研究方法 ……………………… 57
　　第2節　事例の実際 ……………………………………… 60
　　第3節　考察 ……………………………………………… 75

3

第4章　M-GTA の特徴と分析手順 ……………………… 79
　第1節　研究対象との適合性 ……………………………… 79
　第2節　分析手順と対象、データ収集方法 ……………… 85

第5章　M-GTA を用いた
ミドル・アップダウン・マネジメントプロセスの分析… 93
　第1節　分析結果 ………………………………………… 93
　第2節　考察：M-GTA 分析結果を用いた事例の描写……… 109

補章　M-GTA 分析結果の応用 ……………………………115
　第1節　研究者による応用 ……………………………… 115
　第2節　実践者による応用 ……………………………… 121
　第3節　考察 ……………………………………………… 123

終章………………………………………………………………129
　第1節　本書の成果 ……………………………………… 129
　第2節　今後の研究課題 ………………………………… 130

　資料 …………………………………………………… 135
　引用・参考文献 ……………………………………… 151

　あとがき ……………………………………………… 159
　索引 …………………………………………………… 161

M-GTA モノグラフ・シリーズの刊行によせて

　質的研究が既存の専門領域を横断する研究アプローチとして独自に領域形成したのは1990年代始め頃とされているが、以後ヒューマンサービス領域を中心に注目すべき関心の拡がりを見せ現在では定着したものとなっている。質的研究にはさまざまな個別の研究方法がありそれらを総称して質的研究法と呼ばれているが、その共通特性は、人間の複雑で多様な経験をより自然な形で表現されたものとしての質的データを用いている点にあるといえよう。

　M-GTA（修正版グラウンデッド・セオリー・アプローチ）はそのひとつであるが、1960年代に社会学者バーニー・グレーザーとアンセルム・ストラウスによって提唱されたオリジナル版GTAを抜本的に再編成し、深い解釈とシステマティックな分析による理論（説明モデル）の生成とその実践的活用を重視する質的研究法である。M-GTA研究会がわずか数名の勉強会としてスタートしたのは2000年2月であったが、約15年間の活動を経て現在では会員500名の規模に成長している。専門領域も看護・保健、社会福祉・ソーシャルワーク、介護、リハビリテーション、臨床心理・カウンセリング、学校教育・日本語教育、経営・キャリア、そして社会学など多岐にわたり、定例研究会を中心に、修論報告会、公開研究会、合同研究会、合宿などの多様なプログラムを展開している。

M-GTA は、研究会会員はもとより、それ以外の多くの研究者にも活用され、多数の研究成果が学会報告や研究論文として発表されている。会員に限っても修士論文はむろんのこと博士論文も成果が蓄積されてきており会員による著作の刊行も続いている。その一方で全体としてみれば、M-GTA の研究方法、分析方法としての理解が徹底されていない場合もみられ、また、最も重要である研究結果の実践への応用も未だ十分には拓かれていないという課題を抱えている。こうした状況に鑑み、M-GTA の分析例であると同時にその成果の実践的活用までを視野に入れたまとまった研究例の提示が必要になっている。本シリーズは M-GTA 研究会の会員による研究成果を、M-GTA に関心のある人、そして、具体的な研究成果の現場での活用に関心をもつ人の両方を読者として想定し、コンパクトなモノグラフとして刊行するものである。どちらの関心から入っても両方の理解が深まることを意図した編集としている。

2015年2月
小倉啓子、水戸美津子、木下康仁
M-GTA 研究会を代表して

http://m-gta.jp/index.html

序章

第1節　問題の所在

第1項　学校組織の現状

　現代の公立学校において、「ミドルリーダー育成」は最大の懸案事項である。それは次の2点を背景とする。

　第1は、教員の需給バランスである。第一次ベビーブーム期に生まれた、いわゆる「団塊の世代」が退職し、その後もベテラン教員の大量退職が続く現在、多くの地域では若手教員の大量採用が行われている。例えば、図序-1は2016年度の小学校教員年齢構成であるが、このように現代の学校組織は、地域や学校種によって差異はあるものの、ベテラン教員の減少・若手教員の増加という「教員の年齢構成ピラミッドがいびつな形」（元兼2016: 97）へと変動しつつある。

　第2は、国レベルで進む制度改革である。断続的に続く分権改革のもと、学校組織を従来の「管理型」から「自律型」へと変革する動きが加速している。この改革の一つとしては、複雑さを増す学校経営の円滑な実施を志向して設置可能となった、いわゆる「新たな職」である副校長や主幹教諭、指導教諭職の導入を挙げることができる。また近年議論が進む学校運営協議会（コミュニティ・スクール）の導入や、スクールソーシャルワーカー等の各種専門職や保護者・地域住民と協働した「チームとしての学校」構築の動きもこの流れに位置づく（加藤2016）[1]。

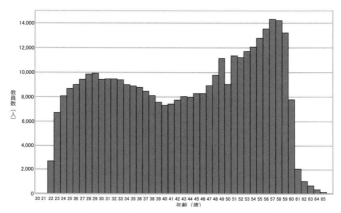

図序-1　2016年度小学校教員年齢構成[2]

　上述のように近年の学校組織内外をめぐる環境は複雑さを増している。この影響を受け、多くの地域・学校では、急増する若手教員の育成やベテラン教員に代わり学校経営を継承・発展させる次世代スクールリーダーが必要とされており、その役割期待がミドルリーダーへと寄せられているのである。

　こうした状況を受け、近年ではミドルリーダーに関する研究の蓄積が進んでいる。しかしながら、現在のミドルリーダー研究には課題がある。そこには、学校経営研究が抱える「学校経営プロセスを捉える研究方法論の不在」という、学問領域全体の課題が影響している。

第2項　学校経営研究の現状

　かねてより学校組織は、環境の不確実性や業務の複雑さ等を理由に、水平型（フラット型）（図序-2）およびマトリクス型（図序-3）の組織構造を採用してきた（浅野2008）。

　また学校組織は、Weick（1976）が言及するように、教育の目

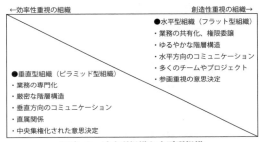

図序-2 垂直型組織と水平型組織
（浅野2008：33）

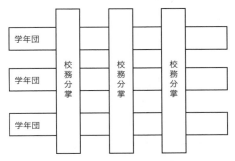

図序-3 マトリクス型組織
（浅野2008：34）

標や教師が用いる技術の不明確性、管理者が多数の教師を相手にするという統制範囲（span of control）の大きさ、監督と評価の機能しづらさという特徴ゆえ、組織構成要素がゆるやかに結びついた疎結合構造（ルース・カップリング）の状態をとるといわれている（佐古2011）。

　上記論稿から読み取れるように、学校経営は教師の自律的な教育活動を中心になされる複雑なプロセスであるといえ、そのプロセスを捉える重要性についてはかねてより指摘されてきた（高野1980など）。しかし、1990年代までの研究は理論研究

や実態報告が多数を占め、「仮説―検証型の実証研究を通じて、経営過程をスムーズに展開する諸要因（条件）の析出とこれらの要因間の相互関係を明らかにする」(住岡2000：72) 研究の蓄積は不十分であった。すなわち当時の学校経営研究は、「複雑な経営過程を支える学校の諸条件を分析する手法の拙劣さ」(高野1986：281) という課題を抱えていたのである。

　こうした課題への応答は、先述した自律的学校経営を志向した制度改革が進む2000年代前後に増加し始める。例えば露口 (2008) は、校長のリーダーシップと学校成果の関係に着目し、効果的なリーダーシップの有り様やその促進・先行要因、リーダーシップが与える影響を明らかにした。高木 (2003) は、教師のバーンアウトとストレスの関係に着目し、学校制度が生み出す職務自体が教師のストレス反応に強く影響するというメカニズムを示すとともに、教師のストレス反応を抑制できる要因を探索している (高木・田中・渕上・北神2006)。諏訪 (2004) は、教員のパフォーマンス向上や学校改善が期待できる「ソーシャルサポート」に着目し、教員社会におけるソーシャルサポートの実態とそのメリット・デメリットに言及した。上記のように、自律的学校経営の機運が高まり始めた2000年代以降には、効率的なマネジメントへの着目とその効率性を高める手段と結果の関係を明らかにするという、「インプット―アウトプット」の解明を目指す研究が増加している。ただし上記のような量的研究は、「学校組織文化」といった個々の学校に影響を与える要素を分析結果に含むことは困難であった。

　その課題に応える形でなされたものが、学校の内部過程を扱う〈スループット〉分析を得意とする質的研究である (藤田・油布・酒井・秋葉1995)。例えば武井 (2003) は、文化人類学で発

達した研究方法論であるエスノグラフィを用い、インドの代表的思想家、J. クリシュナムルティの実験学校であるクリシュナムルティ・スクールで行われる実践を描き、近代学校に特徴的な知の構造を示した。武井が用いたエスノグラフィでは、研究対象とするフィールドに関するデータを参与観察等で収集し、その膨大なデータの分析においては、「第三の視点」(佐藤2006：181) ともいえる分析視座が持ちこまれ、当該現象をなりたたせる要因の抽出や概念化がなされる。それゆえエスノグラフィは、「学校経営現象を (中略) 複雑な構造を持つものと認識し、生きられた現実の文脈の中で動態的に描き出す」(武井1995：95) ことが可能と理解されている。このエスノグラフィを用いた研究としては、「日常性」と「非日常性」の視座から校内研修を捉え、校内研修における多忙感の受容と積極的な取り組みを促す影響要因を検討した神山 (1995) や、学校・家庭・地域の協働を進める上での校長の役割について、「ハビタント」の視点から考察した諏訪・渥美 (2006) 等がある。

このように、現在に至るまでの学校経営研究を概観すると、かつて住岡 (2000) が指摘した「経営過程をスムーズに展開する諸要因」(住岡2000：72) を析出するといった課題は解消されつつあると判断できる。しかし、一連の先行研究で産出された知見は、当該事象をなりたたせる要因の抽出や概念化に留まり、析出された「要因間の相互関係」(住岡2000：72)、すなわち「学校経営プロセス」を示すことはできていない。つまり、学校経営研究は、「複雑な経営過程を支える学校の諸条件を分析する手法の拙劣さ」(高野1986：281) という研究方法論の不在を未だ課題として抱えているといえる。

第3項　ミドルリーダー研究の現状

　学校経営研究が上記のような状況にある中で、ミドルリーダー研究はいかに行われているのであろうか。

　冒頭で述べたミドルリーダーへの期待の高まりとともに、「ミドル」と題する論文数は急増している（図序－4）。また各都道府県における教育センター等で行われるミドルリーダーを対象とした研修も増加しており、ミドルリーダーという用語は研究・実践双方でなじみ深いものとなりつつある。

　しかし、こうした状況にも関わらず、ミドルリーダーを対象とした先行研究の多くは、ミドルリーダーの「あるべき姿」（当為論）を述べるに留まり、実態を踏まえた検討が不十分である。またミドルリーダーの実態に言及した研究蓄積も徐々になされつつあるが、その多くは事例報告に留まるものや、予め設定した枠組を用いて対象事例を分析しその因果関係を探る研究が多く、ミドルリーダーが学校経営へいかに参画するのかという「プロセス」への着目は看過される傾向にある[3]。そしてこれら

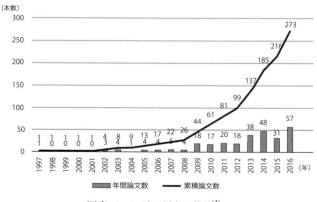

図序-4　ミドル研究の蓄積[4]

課題は先に述べたように、「学校経営プロセスを捉える研究方法論の不在」という課題と関係しているのである。

第2節　研究目的および分析視座

第1項　研究目的

　前節で述べた、学校組織や学校経営研究、そしてミドルリーダー研究の現状を踏まえ、本書の研究目的を設定する。

　本書では、上述したミドルリーダー研究が抱える課題である「ミドルリーダーが学校経営へ参画するプロセス」を解明し、その育成に資する知見を導出したい。また同時に、この作業の中で、学校経営プロセスを捉える研究方法論についても検討する。そして先に述べるならば、かかる検討を行うにあたり最適な研究方法論として考えうるのが修正版グラウンデッド・セオリー・アプローチ（Modified Grounded Theory Approach、以下M-GTA と略記）である。

　既述のように、学校経営は教師の自律的な教育活動を中心になされる複雑なプロセスであり、「チームとしての学校」等の議論が進む現状をふまえるならば、今後の学校経営はさらに複雑なプロセスになることが予想される。その点、人間の行動や他者との相互作用によってなされる"動き（変化・プロセス）"の説明と予測に有効な理論生成を強みとする M-GTA は、ミドルリーダー研究および学校経営研究に適合した研究方法論と考えられる。

第2項　分析視座

　「ミドルリーダーが学校経営へ参画するプロセス」を検討す

るうえでの分析視座として、本書では「ミドル・アップダウン・マネジメント」を設定する。

　ミドル・アップダウン・マネジメントとは、チームやタスクフォースのリーダーを務めることの多い「ミドル」が中心となり、トップ層（経営層）が描く「あるべき理想」と、ボトム層（実践層）が直面する「現実」の間で生じた矛盾を解決し、新たな知識やアイデアの実現を図るという、一般経営学において提唱されたマネジメント・スタイルである（野中・竹内1996）。このミドル・アップダウン・マネジメントを通じたアイデアの実現は、近年の教育経営研究においても、学校改善を促す「「中間概念」の創造」（小島2010）といった視点から注目されており、ミドルリーダーに対する役割期待の一つとして位置づいている。

　しかし、学校経営におけるミドル・アップダウン・マネジメントへの期待は高まりをみせているが、そのプロセスはやはり明らかになっていない。学校組織は企業組織と比べ組織規模が小さく、また、個々の教員が持つ権限も曖昧である。このような学校組織においてミドル・アップダウン・マネジメントを遂行するためには、企業組織とは異なる動きや配慮が求められ、そこにはより濃密な相互作用が存在すると予想される。すなわち、学校組織におけるミドル・アップダウン・マネジメントは、「ミドルリーダーが学校経営へ参画するプロセス」を解明する上で最適な分析視座になりうると考える。

第3節　本書の構成

　本書は、本章を含む8章からなる。

第1章では、本書の分析対象および分析視座として設定する「ミドルリーダー」と「ミドル・アップダウン・マネジメント」概念の整理を行う。

第2章と第3章では、第1章の検討を踏まえ、ミドル・アップダウン・マネジメントの実態をエスノグラフィとスクールヒストリーを用いて捉える。具体的には、「運動会の運営」と「校内研修における授業研究の継続」を事例として取り上げ分析し、ミドル・アップダウン・マネジメントの実現要因を抽出する。

ただし後の章で述べるように、エスノグラフィとスクールヒストリーではミドル・アップダウン・マネジメントの実際やその成功要因を抽出することはできるものの、それらの行動が「なぜ可能になったのか」までは言及することが難しい。そこでこの点について明らかにするべく、第4章と第5章では、第2章・第3章の分析で示された成果と課題を踏まえ、ミドル・アップダウン・マネジメントプロセスを、M-GTA を用い明らかにする。

上記検討を通じ「ミドルリーダーが学校経営へ参画するプロセス」を捉えた上で、補章として、本書の知見を踏まえたミドルリーダー育成方法を検討し、研究・実践における M-GTA の応用可能性へ言及したい。

序章注

(1) ただしこの改革は、「単に国家が制度・組織次元で学校経営のインプットやプロセスをガバメント化（外的統制）するだけではなく、国家が学校の内部に介入し、民間手法の導入により学校に一定の

成果達成のアウトプットを自己責任において求めるというマネジメント化（内的介入）を特徴とする」（篠原2012：7）という性格もあわせ持つ。

(2) 文部科学省「平成28年度 学校教員統計調査（中間報告）」をもとに作成。

(3) ただしここ数年、本書と同様の問題意識のもと、ミドルリーダーの経営行動を明らかにした吉村・中原（2017）のように、学校経営プロセスを捉えた研究蓄積もなされ始めている。

(4) 「ミドル」という用語が用いられた初等・中等教育の学校経営に関する論文をCiNiiで検索し、2016年までの年間論文数と累積論文数を示した（2017年3月19日現在）。

第1章　概念整理

　本章では、本書の分析対象および分析視座として設定する「ミドルリーダー」および「ミドル・アップダウン・マネジメント」概念の整理を行う。

第1節　ミドルリーダー概念の整理

　わが国の学校教育においてミドルリーダーという職務・職位は存在しない。しかしそれにもかかわらず、ミドルリーダーという用語は近年、研究・実践で多用されており、序章で述べた背景から、ミドルリーダーへの注目は高まりつつある[1]。

　しかし、このミドルリーダー概念には揺らぎがある。これは「ミドル」という用語が、トップ層（経営層）とボトム層（実践層）の「中間」という相対的な位置を示す曖昧な用語であることに起因する。よって、ミドルリーダーを研究対象とする上では、その対象が誰を指すのかを整理する必要がある。

　そこで本書で対象とするミドルリーダーを特定すべく、先行研究において「誰が」研究対象として挙げられているのかを整理したところ、その対象はおおよそ以下の三つの立場に分類できる。

①学校組織の「ミドル」にある教員

　ミドルリーダーを捉える立場の一つ目としては、ミドルリー

ダーをトップ層とボトム層の中間に位置する教員として捉えるもの、すなわち、学校組織の「ミドル」にある教員をミドルリーダーとして捉える立場を挙げることができる。そしてその具体的な対象はさらに、下記二つに整理できる。

　その一つは、校務分掌のリーダーを担う主任・主事である。主任職はかつて、各学校の事情や必要性によって設置、運営されていた自生的なものであるが（小島2003）、学校経営活性化の鍵とするべく、1975年に制度化された（学校教育法施行規則　第44条等）。現在、各学校には教務主任や学年主任、保健主事といった、学校教育法施行規則に記載されたいわゆる「制度化主任・主事」に留まらず、研究主任や体育主任といった、各学校の状況に合わせた様々な主任・主事が置かれている。そして、この各種主任・主事を学校経営におけるキーパーソンとして扱うミドルリーダー研究が蓄積されているのである。

　例えば高階は、野中・竹内（1996）らの企業組織におけるミドル論をひき、学校における主任は、「そっくり「ミドル」に当てはまる」（高階1995：31）と述べた。淵上も、管理職と教職員の中間的立場で学校組織づくりの中核的役割を担う教務主任、学年主任、教科主任などの主任層をミドルリーダーとして捉えている（淵上2009）。また数ある主任の中でも特に、「校長の監督を受け、教育計画の立案その他の教務に関する事項について連絡調整及び指導、助言に当たる」（学校教育法施行規則　第44条4項）教務主任は、「主任層の中で最も総括的な役割を担う立場」（山崎2012：10）にあり、「管理職に近い立場で学校経営に参画していく」（山下2010：72）存在と認識され、ミドルリーダーの代表として取り上げられる傾向にある[2]。

　二つは、学校教育法改正によって2008年度より配置可能と

なった、いわゆる「新たな職」としての主幹教諭や指導教諭が挙げられる（図1-1）。

八尾坂は、学校教育法で記載された職務規程「主幹教諭は、校長（副校長を置く小学校にあつては、校長及び副校長）及び教頭を助け、命を受けて校務の一部を整理し、並びに児童の教育をつかさどる」（学校教育法第37条9項）、「指導教諭は、児童の教育をつかさどり、並びに教諭その他の職員に対して、教育指導の改善及び充実のために必要な指導及び助言を行う」（同法第37条10項）を受け、主幹教諭・指導教諭にはミドルリーダーとしての役割期待がなされていると述べる（八尾坂2007）。棚橋は、ミドルリーダーとしての主幹教諭の役割と資質・能力について考察し、自身が学校現場で取り組んだ実践内容を紹介している（棚橋2010）。また、主幹教諭を「重層型の組織やチーム形成による機能的な組織、学習し成長する組織などに転換する」（教育調査研究所2011：5）ミドルリーダーであると捉え、その視座から行われた調査研究もある。このように、学校の運営組織をめ

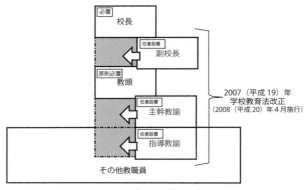

図1-1　「新たな職」の導入

ぐる課題と主任制度自体の限界・形骸化を背景として導入され
た主幹教諭・指導教諭は（八尾坂2008）、制度化から約10年が
経過した現在、研究・実践双方の視点から研究蓄積がなされつ
つある。

　上述のように、ミドルリーダーを捉える一つ目の立場では、
主任・主事や主幹教諭、指導教諭といった学校組織の「ミド
ル」にある教員がミドルリーダーとして捉えられる傾向にあ
る。

②人生の「ミドル期」にある教員

　ミドルリーダーを捉える立場の二つ目としては、教職経験
15年前後、年齢的には40歳前後で「中堅教員」と呼ばれるこ
とが多い、人生の「ミドル期」（藤崎・平岡・三輪2008）にある教
員をミドルリーダーとして捉える立場を挙げることができる。

　マネジメント研修カリキュラム等開発会議が作成した研修テ
キスト「学校組織マネジメント研修〜すべての教職員のために
〜（モデル・カリキュラム）」（2005年）では、中堅教員は「「教育
者としての使命感」をベースにもち、学校に期待される目的・
目標を達成する「学校のキーパーソン」」であり、学校組織のミ
ドルリーダーとして捉えられている（同テキスト：0-1-16）。上
記に代表されるように、「年数」をベースとした概念である中堅
教員の対象としては、30歳前後から40歳代の教員が想定され
ているが（八尾坂1998）、その内実は年齢をさすのか、経験を
さすのか不明瞭である。しかし一般的にこの世代は、学級担任
の経験や主任・主事等の豊富な職務経験を持つ世代であること
からミドルリーダーとして捉えられる傾向にある。

③組織へ影響を与える教員

　学校組織の「ミドル」にある教員や、人生の「ミドル期」に
ある教員以外をミドルリーダーとして捉える立場もある。そ
れは、阿部・藤井・沢田・佐々木・高垣 (1997) が「従来の「主
任・主事」では説明しきれない内容を含むからこそ「ミドル
リーダー論」が論じられるようになってきたのではないか」(同
上論文1997：68-69) と述べるように、「ミドルリーダー」という
用語の曖昧さをむしろ活用し、その対象を広く捉える立場であ
る。

　佐久間は、ミドルリーダーは職位を直接的に指す狭い概念
ではなく、「もっと身近な存在で、もっとたくさんいる」(佐久間
2007：4) ものであると捉え、「現場のリーダー、頼りになる先
輩」(同上書：4) とする。小島は、これからのミドルリーダー
は「職制を超えた、もしくは職制によっては包みきれない機能、
役割」(小島2010：82) を果たし、実践知と戦略知双方に解釈、
編集、意味づけを行い、それぞれの知に意味ある知、新たな価
値を付加した中間概念を生み出すという「スクールミドル」論
を展開している[3]。上記論者に共通する点は、個人に焦点をあ
て、その個人が組織へ与える影響力という視点からミドルリー
ダーを捉えていることにある。教員年齢構成の変化により、教
職経験年数の多寡によらず様々な教員が組織の中核に立たざる
を得なくなっている近年では、この視点からミドルリーダーを
捉える必要性を唱える論者が増加しつつある。

　以上のように、ミドルリーダーは、「ミドル」という相対的な
位置ゆえ、論者によって様々な認識で語られる傾向にあるが、
大きくは上述した三つの立場に分類できる[4] (図1-2)。以上を
踏まえ、本書でも、上記三つの立場にある教員をミドルリー

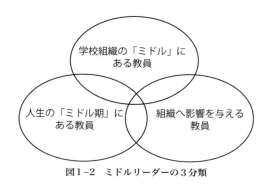

図1-2 ミドルリーダーの3分類

ダーとして捉えることにする[5]。

第2節 ミドル・アップダウン・マネジメントと学校経営

　本書冒頭で述べたように、近年ではミドルリーダーに学校経営への参画が期待されているが、その際に期待される役割の一つがミドル・アップダウン・マネジメントである。

　ミドル・アップダウン・マネジメントは1990年代前後の一般経営学において、組織的知識創造に適したマネジメント・スタイルとして野中ら(1996)によって提唱された。組織的知識創造とは、言語化されていない暗黙知と、言語化された客観的・理性的な形式知が、「共同化 (Socialization)」、「表出化 (Externalization)」、「連結化 (Combination)」、「内面化 (Internalization)」の四つの知識変換モード (SECI) をつうじて、絶え間なくダイナミックに相互循環し、新たなアイデアが創造されるというナレッジマネジメントの様相を表す理論の一つである(図1-3)。

　野中らは、この組織的知識創造が行われるための重要な要素

第1章　概念整理

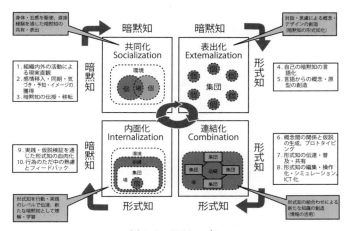

図1-3　SECIモデル
(野中・紺野 2012：78)

を二点あげている。

　一つは、組織的知識創造プロセスが循環しやすい組織形態である。その形態とは「ハイパーテキスト型組織」(野中ら1996、野中ら2012)であり、ハイパーテキスト型組織は、通常のルーティーン業務が行われる官僚制的構造「ビジネス・システム」と、製品開発などの知識創造活動に従事する「プロジェクト・チーム」、そして上記二つの層で創られた知識が蓄積される「知識ベース」層で成り立つ (図1-4)[6]。このような構造をした組織では、組織的知識創造が行われやすい。

　このハイパーテキスト型組織は、学校組織形態に親和的である。その一例としては、日本の多くの学校で実施される校内研修[8]を挙げることができる。校内研修は一般に授業研究として実施されることが多く、近年では世界的にも"Lesson Study"として注目されている (中野2009)。学校組織では、教師による

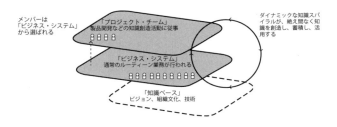

図1-4 ハイパーテキスト型組織[7]

授業や校務分掌等の日常的な業務が絶え間なく行われている。これはハイパーテキスト型組織における「ビジネス・システム」に該当する。その一方、授業研究を検証軸とした校内研究が行われる際には、新たなアイデアを組織的に生み出すべく、研究主任を中心として構成される研究推進委員会が設けられることが多い。この研究推進委員会はタスクフォースとしての性格を持ち、ハイパーテキスト型組織における「プロジェクト・チーム」に該当する。そして、研究推進委員会を中心とした校内研究を通じて組織的に生みだされた知識は、組織文化として「知識ベース」に貯蔵されていく[9]。この校内研修の様相からもわかるように、学校組織は組織的知識創造が行われやすい組織形態であるといえる[10]。

そして、組織的知識創造の二つ目の要素として挙げられているのが、組織的知識創造プロセスが循環しやすいマネジメント・スタイルとして提唱されたミドル・アップダウン・マネジメントである。組織的知識創造では、新たなアイデア実現へ向け、トップ層が掲げる「あるべき理想」が重要になる。しかしこの理想は、第一線で働くボトム層が直面する現実に対し矛盾を生むことも多い。このトップ層、ボトム層の間に生じた矛盾へ対処するのが、タスクフォースのリーダーを務めることの多

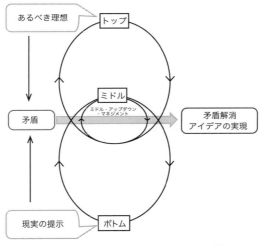

図 1-5　ミドル・アップダウン・マネジメント[11]

い「ミドル」であり、「ミドル」は組織構成員等との相互作用（ミドル・アップダウン）を通じてアイデアを生成し、組織内で生じた矛盾に対処する。「ミドル」はこの役割を通じて組織的知識創造に貢献する（図1-5）。

　近年の学校組織は、副校長や主幹教諭、指導教諭といった「新たな職」の設置に代表されるような学校組織の階層化が進んでおり、従来の企業組織や公務員組織に似た組織形態になるという、学校の「一般組織化」（佐古2011）が進展している。それゆえ、トップ層とボトム層を繋ぐ仕組みは従来にも増して重視されており、その仕組みとしてミドル・アップダウン・マネジメントへの期待が高まっているのである。

　上述したように、組織的知識創造を実現する要素としての組織形態「ハイパーテキスト型組織」と学校組織が似通っており、

また、ミドル・アップダウン・マネジメントへの要望が高まっ
ていることからも、組織的知識創造理論と学校経営との親和性
の高さが窺える。それゆえ、これまでの学校経営研究において
も、組織的知識創造やミドル・アップダウン・マネジメントの
視点から学校経営を捉えた研究が行われてきた[12]。しかしなが
ら、先行研究の多くは、学校経営においてミドル・アップダウ
ン・マネジメントが「いかに」行われるのかという、現実に根
差した議論を十分に行っていない。

　ミドル・アップダウン・マネジメントは組織規模が大きい一
般企業を対象として提唱されたマネジメント・スタイルであ
る。しかし、学校と一般企業を比較した場合、その組織規模は
学校がはるかに小さい。また先述のとおり、学校組織はその特
徴から、教師の自律性が担保される疎結合構造（ルース・カップ
リング）を取る傾向にあるため、学校組織のミドルリーダーは、
企業組織におけるミドル（≒中間管理職）に比べ権限の所在が不
明確である。以上の理由から、企業組織を対象に生成されたミ
ドル・アップダウン・マネジメント理論を学校経営へ援用する
際には注意が必要である。

　今後も進展が予想される教員年齢構成の変化や自律的学校経
営の推進により、ミドル・アップダウン・マネジメントへの期
待も一層高まると考えられる。また、近年のミドルリーダー
は、いびつな教員年齢構成や進展する社会状況を受け、日々の
ルーティーン業務に忙殺される傾向にある。それゆえ、期待が
高まるミドル・アップダウン・マネジメントの説明と予測が可
能になることは、ミドルリーダーの日常業務の改善や、本書が
目指す「ミドルリーダー育成」に資する知見の提案につながる
であろう。よって、ミドルリーダーへの役割期待の一つである

ミドル・アップダウン・マネジメントへ着目し、そのプロセス
を明らかにする作業は喫緊の課題といえる。

第1章注

(1) また、ミドルリーダーへの注目は海外でも高まっており、諸外国
におけるミドルリーダーシップの在り方を検討した研究も蓄積さ
れつつある（末松2014など）。

(2) ただしこれは一般的な傾向であり、研究主任や学年主任をミド
ルリーダーとして取り上げる論者もいる（李2009、二宮・露口
2010など）。

(3) こうしたミドルリーダーの捉えは、多種多様な教員をミドル
リーダーとして想定する学校現場の認識とも親和的である（畑中
2012b）。

(4) ただし、「ミドルリーダーは誰か」については学校種によって論じ
られ方が異なる傾向もある。また近年では、既述した三つの立場
を兼ね揃えた人物、すなわち、「「学校づくりを最前線で担うチー
ムリーダー」「トップとロワーを結ぶ連結ピン」」（大脇 2016：66）
といった機能的側面と、「主幹教諭・指導教諭、教務主任、生徒指
導主事、学年主任、進路指導主事などを含む（中略）職務・職位と
対応」（同上書：66）させた存在をミドルリーダーとして捉える傾
向もあり、ミドルリーダー概念はより複雑になりつつある。

(5) 以上で述べた対象をミドルリーダーとして措定するようになった
のは近年のことではあるが、主任・主事や中堅教員等の重要性は
以前より唱えられてきた。その意味で、学校組織の「ミドル」の
重要性は過渡的なものではなく、学校組織へ本質的に必要なもの
として捉えることができる。詳しくは畑中（2013a）を参照された
い。

⑹ 「知識ベース」層は現実の組織実態として存在するのではなく、ビジョンや組織文化、あるいは技術の中に含まれる。

⑺ 野中ら（1996：253）をもとに作成。

⑻ 校内研修とは、「校内の全教職員が自校の教育目標に対応した学校としての教育課題を達成するために共通のテーマ（主題）を解決課題として設定し、それを学内・外の関係者との連携を踏まえながら、学校全体として計画的、組織的、科学的に解決していく実践の営み」（中留2002：71）をさす。

⑼ ただし、学校組織へ知識が貯蔵されているか、また、いかにして貯蔵されるのかについては検討が必要である。例えば佐藤（2012）は、研究指定を受け行う校内研修や授業研究に関して、「どの学校も「研究指定校」の期間を終えると、すべての研究活動を終え、10年後に「研究指定校」に任命されるまで何もしようとはしない。多大な労力を注いで作成された「研究冊子」を読もうとする者も誰もいない」（佐藤2012：132）と批判的に言及している。

⑽ ただし、ハイパーテキスト型組織の完全な姿は「ビジネス・システム」と「プロジェクト・チーム」が独立したものである。その点、マトリックス型である学校組織は完全なハイパーテキスト型組織ではなく、「ハイパーテキスト型組織と呼ばれる資格はある」（野中ら1996：258）組織といえる。

⑾ 野中ら（1996：191）をもとに作成。

⑿ 例えば、金沢市教育委員会を中心に行われた小学校英語活動カリキュラムの開発に至るプロセスを、組織的知識創造の観点から示した大串（2003）や、ミドル・アップダウン・マネジメントを用いた高校における学校改善に言及した柴田（2007）、イギリスの学校経営におけるミドル・アップダウン・マネジメントに関して言及した織田（2003）等がある。

第2章　ミドル・アップダウン・マネジメントの実際(1)
──「運動会の運営」を事例として──

　前章で述べたように、学校経営におけるミドル・アップダウン・マネジメントは、近年注目が高まる概念である。一方でその内実は一般経営学の理論を援用するに留まり、その実際への言及は看過されがちである。そこで本章（第2章）および次章（第3章）では、学校経営におけるミドル・アップダウン・マネジメントの実際を捉える作業を行う。まず本章では、D小学校[1]における「運動会の運営[2]」を事例とし、ミドル・アップダウン・マネジメントの実際を考察する[3]。

第1節　分析対象および研究方法

第1項　D小学校の概要

　本章で対象とする事例は、D小学校の教務主任 出畑教諭[4]によって行われた「運動会の運営」におけるミドル・アップダウン・マネジメントである。

　D小学校は1990年代前半、児童数の増加によりB小学校から分離開校した比較的新しい学校である。D小学校は、「会社関係の倉庫が建ち並び、各地からの大型トラックが頻繁に出入りするT市の流通の拠点[5]」に位置し、公共交通機関の発達により、市内中心部へのアクセスは良い。近年は、周囲に残る農

地宅地化によるマンション新設が進み、住民数・児童数は増加傾向にあった。この影響を受け、D小学校の児童数は2000年前半より各学年5クラス、児童数1,000人を超している。そしてこの1,000人を超す児童数に対応すべく、2000年中旬からはプレハブ校舎を職員室横に設置して教室として利用しており（図2-1）、2008年度末にはプレハブを解体し、校舎増設工事が行われた（図2-2）。

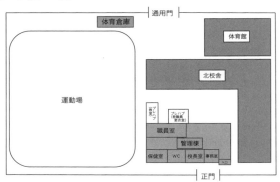

図2-1　2008年度以前のD小学校校舎配置

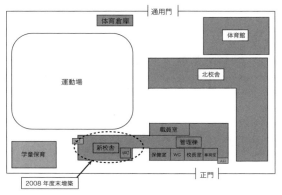

図2-2　2009年度以降のD小学校校舎配置

第2章　ミドル・アップダウン・マネジメントの実際(1)

　D小学校の教員数は40名を超え、その年齢構成は50代が最も多い。しかし新規採用教員も6年連続で配置されており、若手教員も増加傾向にあった。またD小学校は、T市の「小中学校連携教育」の推進事業モデル校に指定されており、中学校教員である水田教諭（理科専科、6年学年主任、D小学校着任3年目）と教頭（D小学校着任1年目）が小中学校交流人事でD小学校に在籍している。

　このように、D小学校は組織規模が大きく、またその教員構成や教育活動も多様な状況にある。本書の分析視座として用いるミドル・アップダウン・マネジメントは、既述の通り、組織規模の大きい一般企業を対象に提唱された理論であり、当該理論を用い学校経営の実際を捉える対象として、D小学校は適切であると考える。

第2項　出畑教諭の特徴

　校舎増築後、D小学校では昨年度通りの教育活動が行われていたが、「運動会の運営」において課題が生じる。

　例年D小学校では、運動会を5月に実施していた。しかし、校舎増築工事が2008年度末に終わったばかりでもあり、2009年度の運動会は10月実施へと変更されることとになった。そしてこの運動会の運営で問題となったのが、保護者・地域住民が運動会競技を観覧するスペースと、競技の合間や昼休みに休憩を取るスペースの確保であった。この課題解決を図ったのが、当時D小学校の教務主任であった出畑教諭である。D小学校では例年、運動会の運営に関する資料等の作成は主に教務主任が担っていた。当該年度の出畑教諭も、体育部（校務分掌）との調整を図りながら、運動会の運営に関する計画作成に取り組

んでいたのである。

　出畑教諭は当時、教職経験28年、Ｄ小学校は初任校から数えて7校目の勤務校である。出畑教諭は前任校在籍時より教務主任を担っており、Ｄ小学校でも着任以来、教務主任を担っていた。出畑教諭がＤ小学校に在籍した期間は2007年度〜2009年度の3年間であり、調査当時（2009年度）はＤ小学校着任3年目の年にあたる。また出畑教諭は当時、7月より病気休養中であった6年Ａ組担任の代替も兼任していた[6]。

　出畑教諭は、自身が担う教務主任の役割を、「管理職でも、一般教諭でもできない仕事であり、自分が学校を回している。」（9月14日14：16）[7]と認識しており、周囲に対する積極的なコミュニケーションを意識的に行っている。そのため、教員や保護者、PTAへの声かけや挨拶など、周囲への気遣いを日々欠かさず行い、日常的にコミュニケーションをとる様子が特徴的である[8]。このような出畑教諭に対する周囲の教員の評価も高い[9]。本調査では、このような特徴を持つ出畑教諭を対象とし、シャドーイングによる参与観察を実施した。

第3項　研究方法

　筆者はＤ小学校において、2007年度〜2012年度にわたる6年間継続したフィールドワークを行っており、本章の分析データは上記期間中の2009年9月14日〜18日の間に集中的に行った参与観察で得たデータを主とする。調査では、出畑教諭にICレコーダーを携帯してもらうとともに、筆者は出畑教諭の行動をシャドーイングによって追い、時間・移動経路・コミュニケーション相手・発言の4つの視点から捉え筆記での記録を行った。また参与観察後にも追加調査を行い、データの補

第2章　ミドル・アップダウン・マネジメントの実際(1)

完を図った。

　参与観察で得たデータの分析においては、質的研究方法の一つであるエスノグラフィを用いた。エスノグラフィは文化人類学において発達した研究方法論であり、下記6点を特徴とする（Smith1992:149＝武井2003：16）。

(1)　直接的にその集団に参加・観察し、記録を取って、主要資料とすることができるだけの長期間、調査者が研究対象とする共同体・集団と生活を共にする必要がある。

(2)　個人の生活・仕事・遊びの『特筆されるべき』事柄への関心と同様に、ささいな日常的事柄へも関心をよせる。

(3)　個人が彼らの世界をいかに知覚し、意味付け、解釈しているかについて特に注目する。

(4)　共同体、組織、集団の中の生活を、全体的に把握するに至らないにしても、それらを総合し、文脈化するよう試みる。

(5)　問題意識の当初から最終的な結論に至る調査の過程を通じて、深化、発見、説明された、調査の解釈的・概念的構造を意図的に見ようとする傾向がある。

(6)　概念の抽象化に際して意識的・創造的に事実の陳述を織り込む。

　上記のような特徴を持つエスノグラフィは、一般経営学においても活用される研究方法論であり（金井1990）、学校経営研究においても「学校経営現象を（中略）複雑な構造を持つものと認識し、生きられた現実の文脈の中で動態的に描き出す」（武井1995：95）ことが可能と考えられている。

35

前章で述べたように、学校経営におけるミドル・アップダウン・マネジメントの実態把握が不十分な現在、実際の文脈からの考察作業は必須である。そこで本章では上記特徴を持つエスノグラフィを用い、学校経営におけるミドル・アップダウン・マネジメントの実際を描き出す。

第2節　事例の実際

第1項　課題の認識

　2009年度2学期が始まったばかりのD小学校では、校舎増築後、初めて行う運動会の準備が進められていた。今年度は運動場が狭くなったため、「競技トラックをどのように設置するか」や「本部テントをどこに置くか」、「用具置き場をどこにするか」といった、運動会の運営上様々な点で例年とは変更が生じている。そのような変更にともなう課題の一つとして、運動会当日、2,000人を超す来校が予想される保護者・地域住民の「運動会競技観覧スペース」と「休憩スペース」確保が挙げられた。

　この課題について、出畑教諭は悩んでいた。出畑教諭は前任校で、保護者・地域住民との連携により荒れた学級を立てなおした経験がある。それ以来、出畑教諭は「保護者・地域住民との連携」を重視しており、D小学校赴任後も、D小学校が掲げる重点目標である「保護者・地域との連携」を重視していた（図2-3）。

第2章　ミドル・アップダウン・マネジメントの実際(1)

地域と連携し開かれた学校づくりの推進
① PTA・公民館等地域諸団体との連携をとり、諸活動への協力と支援をできる範囲で行うとともに、スクールガードやメール配信等の組織の拡大を図り、児童の安全を守る活動を PTA 地域と連携して行う。
②地域との連携を深め開かれた学校づくりを推進するため、積極的な情報発信を推進し、本校教育に対する理解と支援を得るように努める。
③家庭の教育力を高めるための啓発を進めるとともに、学校の取組を積極的に地域・保護者等に発信したり意見を求めたりするなど学校教育への信頼と支援を得るように努める。
④社会人講師や ALT 等の活用や校区・PTA 人材の活用を進めるため、人材バンクの拡大を図り教育活動の活性化をめざす。
⑤いじめ・不登校や生徒指導上の課題を持つ児童への対応については、家庭はもとより地域・関係団体との連絡・協力体制の充実を図る取組を進める。

図 2-3　D小学校重点目標（抜粋） [10]

　この認識のもと、出畑教諭はD小学校へ着任以来毎年、運動会後に保護者を対象としたアンケートを実施して運動会の運営における意見収集を行うとともに、その結果を校長・副校長・教頭をはじめとする全教職員へ発信している。そしてこの作業の中で、昨年度アンケートに「競技を見るスペースが少ない」という意見や「運動場にレジャーシートを敷く休憩スペースが少ない」という意見が多いことに気付いた。

　昨年度（2008年度）の運動会は、図2-4で示すように、比較的スペースのある状態で実施したものである。しかし今年度は図2-2で示したように、校舎増築によって運動場がさらに狭くなっている。そのため、競技を観覧するスペースを意図的に設置しなければ、多くの保護者・地域住民が運動会の競技を見ることができなくなり、運動場内への保護者侵入など運動会実施に支障をきたす恐れもある。

　また、運動会実施予定の10月初旬、T市の平均気温は約20度、日中の最高気温は30度近くになることも多く、日光を遮

37

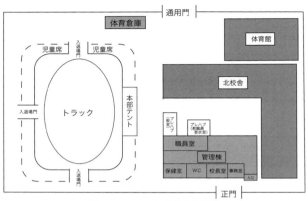

図2-4 2008年度運動会配置

ることのできる休憩スペースがなければ熱中症等の問題が起こる恐れもあった。さらに上述のような「運動会の運営」における課題への対応次第では、保護者・地域住民が不満を募らせる恐れもあり、結果として出畑教諭とD小学校が重視する「保護者・地域との連携」を脅かしかねない。

> 出畑教諭：そんなの（＝保護者の意見）はちゃんと聞いておかないと、極端な話、保護者が不満を持ったままで、そのまんまで、「学校は何も改善してくれない」とか「何も対応しなかった」とか、やっぱりなるんだよね。(9月14日16：05職員室)

そこで出畑教諭は、予想される「運動会競技観覧スペース不足」と「休憩スペース不足」という二つの課題への対応策を生み出した。それが、以下で述べる「一時観覧席設置」と「全校舎開放」である。

第2項　一時観覧席設置

(1)　企画委員会での提案

「一時観覧席設置」は、「競技を見るスペースが少ない」という意見への対応策として、児童席後方に競技観覧スペースを設置するというアイデアである。

9月14日。D小学校では、1ヶ月後に迫る運動会へ向けた準備内容の確認や、新型インフルエンザに関する対応を協議・情報共有するべく企画委員会[11]が実施された。出畑教諭は「一時観覧席設置」実現のために、この企画委員会においてアイデアの提案を行う。

> 出畑教諭：実際にトラックがあって児童席があったら、児童席の
> 　　　外側ぐらいは、その演技の学年に関係する保護者が入れ替わ
> 　　　り立ち替わり見てくださいみたいな、親にはレジャーシート
> 　　　敷かせないような（スペースを）何メートルか作って。そこ
> 　　　では自由に、「その学年（の保護者）は見てください。そのか
> 　　　わり入れ替わってください」みたいなやりかたをしないと、
> 　　　保護者が「見れない」、「座れない」とか言って、相当文句言う
> 　　　んじゃないかなぁっていう気がしてるので。こういったよう
> 　　　なお願いができないのかなぁって思います。
>
> 　　　　　　　　　　　（9月14日16：23、企画委員会、校長室）

出畑教諭によってなされた「休憩スペース確保」という課題提示とその対応策としての「一時観覧席設置」について、企画委員会参加者は理解を示す。しかし、校舎増築によって狭くなった運動場にそのようなスペース確保が可能なのかという実現可能性に関する意見も出された。

長迫教諭（5年学年主任）：とにかくほんと、運動場が狭いもんね。何も言いようがない。

　校長：今回はちょっと読めない部分もあって。一時観覧席が設置可能かどうかわからない。

（9月14日16：28、企画委員会、校長室）

　これら意見が出されたため、出畑教諭は計画の再検討を余儀なくされた。

(2) 水田教諭への協力打診

　企画委員会終了後、職員室へ戻った出畑教諭は、自身の座席前方に座る6年学年主任の水田教諭から運動会の運営に関する相談を受け（図2-5）、運動場を一望できる新校舎3階へと向

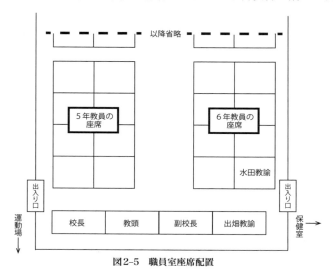

図2-5　職員室座席配置

40

第2章　ミドル・アップダウン・マネジメントの実際(1)

かった。

　教務主任である出畑教諭と小中学校連携教育の一貫で中学校
から異動してきた水田教諭は、互いに学級担任をもたないこと
もあり、日ごろから職員室等での接触が多い。また調査当時は
特に、水田教諭が小学校で初めての学年主任（6学年）を担うと
ともに、7月からは同学年の6年A組へ出畑教諭が関わり始め
たこともあって、運動会前後の数ヶ月は普段以上に出畑教諭と
水田教諭のコミュニケーション頻度は高かった。さらに水田教
諭は学級担任をもたないこともあり、体育部（校務分掌）に所属
していた病休中の6年A組担任に代わって、運動会運営の中核
を担っていた。そのため、企画委員会で出畑教諭から提案され
た「一時観覧席設置」について協議するため、水田教諭は出畑
教諭を新館3階へ連れ出したのである。

　出畑教諭は水田教諭と運動場を見下ろしながら、運動会会場
配置について話し合う。この会話の中で、出畑教諭は水田教諭
に「一時観覧席設置」検討への協力を打診した。

　　出畑教諭：気持ち的にはね、去年も（アンケートの意見に）出て
　　　　たけどね…正面（＝本部テント）に向かって、子どもが（ダン
　　　　スを）踊るみたいなのが多いやない。
　　水田教諭：ああ。
　　出畑教諭：で、こっち（＝演技が正面から見える）側にもね、ス
　　　　ペースが欲しいみたいな意見が、あったはあったんだよね。
　　　　わかるやろ、（スペースがなかったら）全部後ろ向き撮影にな
　　　　るからね。だから、どこかちょっとでも開けてやったらいい
　　　　のかなぁって気がしないでもないんやけどね。(中略)
　　水田教諭：正面に…確かに、撮影テントじゃないけど、撮影して

41

構わないみたいなのができれば、それは（いいだろう）ね。（中略）そしたら明日ですね、テントの大きさで（実際の配置がどうなるか）、（中略）ラインを引きましょうか。

（9月14日17：30、放課後、新校舎3階）

　こうして、出畑教諭は水田教諭の協力を得ることに成功する。

(3)　課題への直面

　出畑教諭と水田教諭は空き時間を利用し、「一時観覧席設置」について検討する[12]。また水田教諭は、体育部内での調整や管理職との協議を通じ、「一時観覧席設置」実現への行動をとった。そして企画委員会の2日後（9月16日）には「一時観覧席設置」の目途が立つ。

　ただし、この時点では課題が残っていた。それは運動場の狭さゆえ、児童席と一時観覧席の境界が十分に取れないというものであった。この対応策としては、杭とロープで児童席と一時観覧席を区切ることが考えられる。しかし、杭は高額なため、D小学校には十分な本数がない。

　出畑教諭：(保護者が)「（レジャーシートを）敷いてるのに、人が入ってきた」みたいなことを言う（可能性がある）。だから、水田先生が言うように安全面がどうしても心配っていうなら、ロープを児童席の後ろに張って、その後ろには、もうとにかく線引いて、「×（バツ）」とかして。先生たちが「ここはだめ」とか言って、2～3人立ってもらって指導するみたいなことをしないと、足らないかもしれない。線だけでだめ

って言うのは。ねぇ。

水田教諭：そっちがいいかな。ロープは200 m分はあるんですよ
　　　　　ね。

出畑教諭：うーん。杭はないんよね。

水田教諭：杭はない。借りてきてもいいけど、借りてきたらぐち
　　　　　ゃぐちゃに折れ曲がりそうで。

出畑教諭：杭、結構高いもんね。10本セットで何千円って。

水田教諭：感覚的にはやっぱり、一番大外に引きたいですね。

　　　　　　　　　　　　　　　（9月16日13：35、昼休み、職員室）

(4)　解決策の提案

　「一時観覧席設置」が再び課題に直面したそのとき、職員室
の隣席でこれまでの出畑教諭の作業を見守っていた副校長が話
しかける。副校長は、今年度D小学校に異動してきたばかりで
あり、D小学校の運動会は初めてであった。

副校長：一時観覧席と児童席のさ、境目がなくなってどんどん親
　　　　が入ってきたりとか、そういうことない？

出畑教諭：それはないと思いますけど。

水田教諭：それはない。(子どもたちは) 座ってるから。

副校長：どんどん子どもが前の方に詰められたりとか。

出畑教諭：いや、そこまではないと思うんですけど。・・・あった
　　　　　らあったで、やっぱり、来年対策（が必要）やねって感じは
　　　　　しますね。

副校長：今から杭買ってもらったら間に合わないですか？

出畑教諭：いや、買ってもらえるなら。

水田教諭：どっちにしろね、買ってもらうなら買ってもらった方

が。

副校長：買おうや、杭。(中略) 買ってもらおう。それぐらいのお
　　　金はある。(中略)(事務の)渡辺先生に頼んでおくよ。

　　　　　　　　　　　(9月16日13：37、昼休み、職員室)

　出畑教諭と水田教諭はこれまで、自校が持ちうる資源内での対応を考えていたのであるが、この副校長による「学校予算を用いた対応」という提案を受け、「一時観覧席設置」の課題は解決し、実現可能となった(図2-6)。

第3項　全校舎開放
(1) 副校長の意向を踏まえた提案

　出畑教諭による「運動会の運営」における二つ目のアイデアは「全校舎開放」である。「休憩スペースが少ない」という保護

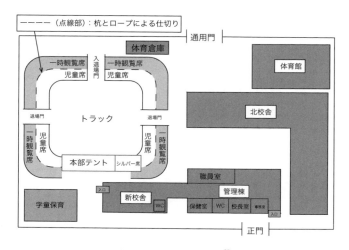

図2-6　一時観覧席配置[13]

者の意見に対し、D小学校の限られたスペースでの対応策を熟考した出畑教諭は、そのメリット・デメリットを考慮したうえで、全校舎を開放することでしか参観者の休憩スペースの確保は難しいと判断した。

　出畑教諭は、先述の「一時観覧席設置」を提案した企画委員会で、「全校舎開放」についての提案も計画していた。企画委員会当日の昼休み、6年A組での給食指導を終え職員室に戻った出畑教諭は、隣の席に座る副校長から尋ねられる。

　副校長：企画（委員）会で何か提案するの？

　出畑教諭：いや、運動会の。その、何ていうかな。応援席が、保護者の席をどのへんまでにするかっていうのを。それと、校長先生にははっきり聞いてないんですけど、僕的には「全館フリーに」みたいな気持ちがあるんですよ。

　副校長：あぁはぁ。

　出畑教諭：そうしないと、パラソルとか何とか持ち込ませたらですね、こう、（児童席や競技スペースに）入り込んでですね。（中略）

　副校長：(話を聞き、うなずく)ここ（＝職員室がある管理棟）の通路は入らせないようにして。事務室とか職員室とか。この通りだけは入らせないように。ちょっとこの（＝職員室）前だけはやめて。怖い。そこ（＝職員室前）にバリケードを作るのは簡単でしょ？（図2-7）

　出畑教諭：はい、そうですね。

　　　　　　　　　　　　（9月14日13時43分、昼休み、職員室）

この副校長の意向を踏まえ、出畑教諭は企画委員会で「全校

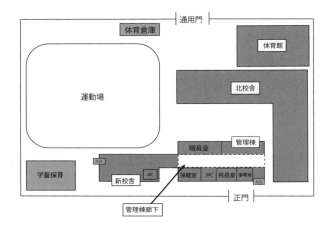

図2-7 管理棟廊下の位置

舎開放」を提案した。

> 出畑教諭：今年新校舎もできたし。職員室の前はやめようということになってますけど、新校舎も含めて、すべて、オール3階まで確保することでですね。(中略)校舎内はゆっくり休んでください(という様にしようと思っています)。去年も体育館を、時間的には11時45分ぐらいから1時半とかまで、昼食の時間とかに(開放)してたけど、(今年は)オールフリーで。(9月14日16：22、企画委員会、校長室)

(2) 意見の取り入れと計画修正
① 水田教諭の見解
　出畑教諭の提案に対し、6年学年主任の水田教諭から否定的な意見が述べられた。

第2章　ミドル・アップダウン・マネジメントの実際(1)

水田教諭：新校舎のですね、3階は得点板がくる予定なんですよ、
　　　今年だけ。

出畑教諭：あ、上からつるす。

水田教諭：いや、つるすんじゃなくて中に置くんですよ。窓枠を
　　　通して（運動場から）見える状態にする予定なんで。

出畑教諭：うん。

水田教諭：新校舎3階だけは、あそこは袋小路になってるから、
　　　よけてもらったほうがいいかな。逆にいうと新校舎はのける
　　　とかですね。そうしたほうがわかりやすいのかなぁ。北校
　　　舎のほうのフロアーだけを使うとかしたほうがわかりやすい
　　　んじゃないかなぁ。
　　　　二つ目は、いわゆるシルバー席[14]を作ってるじゃないですか。

出畑教諭：うん。

水田教諭：そのこともあるからですね。そちらについてはトイレ
　　　とかですね。そういう部分は、お年寄りの方とか足が不自由
　　　な方というのは、（運動場から一番近い）新校舎のトイレ、一
　　　階のトイレを使ってもらうようにするからですね。

出畑教諭：うーん。

水田教諭：あともう一つはですね、救護に関係すること。（保健室
　　　には）新校舎を通っていく形になるからですね。新校舎は入
　　　れない方がいいかなぁと。

出畑教諭：うん。

水田教諭：場所的にも狭いし。

　　　　　　　　　　（9月14日16：25、企画委員会、校長室）

　さらに企画委員会終了後、出畑教諭は水田教諭に声をかけら

47

れ、運動場を一望できる新校舎3階へと向かった[15]。ここで水田教諭は全校舎開放に対して再度否定的な見解を示す。

> 水田教諭：ちょっと最後話してたけど、フリーに（校舎を）開放
> するっていうのが、その、現実的にはないですね。
>
> （9月14日17：25、放課後、新校舎3階）

　水田教諭はこの理由について、校舎内への侵入者把握が難しく、危機管理上好ましくないと述べる。そして「全校舎開放」の代替案として、「体育館の開放と昼食時に限った北校舎一階の開放」を示した。

②副校長の見解
　企画委員会翌日の放課後、水田教諭に引き続き、副校長から「全校舎開放」に対する見解が示される。放課後の職員室、6年A組での業務を終えた出畑教諭は職員室の自席にて、運動会プログラムを作成していた。その出畑教諭へ、副校長は隣の席から話しかける。

> 副校長：（昨日の企画委員会で、）運動会の時に、体育館とかフロ
> アーを親に開放するって話したやない。
> 出畑教諭：はい。
> 副校長：それで、ちょっと校長先生とも話したんだけど、教頭先
> 生とかとも。今日、水田先生とも話して。トラック（の線を）
> きれいに引いてくれたから。（新校舎の）3階から見ながら。
> ・・・結論から言えば、体育館はですね、朝から開放して。で、
> えー、北校舎1階のスペースですかね、

出畑教諭：はい。

副校長：あれは昼食時だけ開放ということでいけば、いいかなっ
　　　　て思ってるんですけど、どうですかね。

出畑教諭：・・・あー・・・。（9月15日17：34、放課後、職員室）

　副校長は前任校で「校舎内への中高生からの落書き」を経験
していた。そのため、危機管理面への危惧から「全校舎開放」
に難色を示したのであった。

　これに対して出畑教諭は、保護者アンケートで休憩スペース
不足についての意見が出ており、その対策が必要だと再度伝え
るとともに、PTAへ校内巡回を依頼することで、校舎内を荒
らされるリスクは十分に防げるという案を付け加え、副校長の
説得を試みた。

　しかし副校長は譲らず、最終的に出畑教諭は副校長の意見を
受け入れる。

　出畑教諭：いや・・・最終判断は任せます。僕はそう思うけどって
　　　　いうね。（9月15日17：48、放課後、職員室）

　こうして、水田教諭と副校長から「全校舎開放」への反対を
受けた出畑教諭は、「全校舎開放」の計画を「体育館の開放と昼
食時に限った北校舎一階の開放」に修正することとなった。そ
してこの修正した計画を、小中学校交流人事で今年度、中学校
から異動してきた教頭に手渡した。

　出畑教諭：教頭先生、明日ですね、見ててもらえませんか。

　教頭：はい？

出畑教諭：えっと、一応、副校長が、「体育館のみの開放」で、あ
　　　　と、その、「北校舎は昼食時のみ」って言ってたので、その辺
　　　　で書き直してます。（9月15日19：27、退勤前、職員室）

⑶　計画の再修正

　修正計画を教頭に提出した翌日、出畑教諭は教頭からの新
たな提案を受ける。

教頭：これね、先生。

出畑教諭：はい。

教頭：これなんで、（北校舎）2階（を開放）しないの？

出畑教諭：いえ、何か副校長が言いましたよ？2階以上は上げな
　　　　いって。

教頭：いや、それでね、私、

出畑教諭：僕も必要じゃないですかって（言ったんです）。そした
　　　　らこっち（＝新校舎）も上げないし、（北校舎も）上げないっ
　　　　て。（中略）

教頭：いや、だってさ、これ、なんで1階しかって思って、（副校
　　　　長に）話したんですよ。

出畑教諭：あ、そうですか。2階いいって言ってましたか？

教頭：ええ。

出畑教諭：あれ？じゃあ、そうします。

教頭：まあいいじゃない。そうしないとさ、1階だけだと「上に
　　　　は行っちゃいけないんですか」ってなるよ。ね。だからこれ
　　　　も、3階まで入れていいと思う。（中略）
　　　　（職員室に戻ってきた副校長に対して）ここですね、昼の開放
　　　　3階もいいでしょ？こっち（＝管理棟・新校舎）を外すけど。

向こう（＝北校舎）側。
副校長：いいと思います。
出畑教諭：(驚いた顔で)じゃあそれで。はい、わかりました。
副校長：こっち（＝管理棟・新校舎）側にさえ入らなければ。
教頭：新校舎はまずい。（9月16日16：57、放課後、職員室）

　この教頭の提案を受け、出畑教諭のアイデアは、「体育館の開放と昼食時に限った北校舎全階の開放」として再度修正されることとなった。
　この後、出畑教諭は翌日の職員会議へ向け、全教職員へ提案する資料作成を行う。そして、「一時観覧席設置」と「体育館の開放と昼食時に限った北校舎全階の開放」は職員会議を経て、運動会当日の実施へと移された（図2-8、図2-9）。

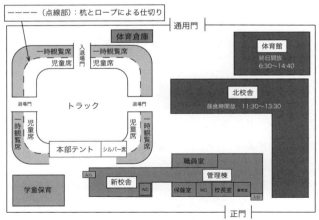

図2-8　一時観覧席配置および校舎開放[16]

重要

平成 21 年 9 月 29 日

保護者様

Ｔ市立Ｄ小学校
校長　佐竹　明史

運動会への協力のお願い

　空高くかかる白雲には、秋の風情が感じられるようになってまいりました。保護者の皆様には、お元気でお過ごしのことと拝察いたします。

　さて、子どもたちは、10 月 4 日（日）に開催いたします第 17 回運動会に向け、カー杯練習に取り組んでいるところです。

　つきましては、当日は、ご来校の上、子どもたちに声援を送っていただくとともに、下記の事項について保護者の皆様のご協力をいただきますようお願いいたします。

記

1　運動会をスムーズに運営するため、シート等が敷けない場所を裏面に斜線で示しておりますので、ご協力をお願いいたします。シート等が敷かれている場合は、立ち退いていただくことになりますのでご了承ください。

2　運動会当日は、2000 人以上のお子様の家族の方が来校される予定です。多くの保護者の方にシート等による場所を確保するためには、一家族での広い場所取りはご遠慮いただき、ゆずり合って場所取りをしていただきますようお願いいたします。

　　また、シート等による場所取りについては、6 時 30 分から正門を開けますのでご協力ください。それ以前に敷かれているシート等は、撤去いたします。（体育館も 6 時 30 分から開放します）

3　本年度は、保護者の皆様の応援席を確保するために、児童席の後方に一時観覧席を設けています。演技中のお子様関係者の方のみご利用ください。（一時観覧席には、シートは敷けません）

4　当日は、学校敷地内に駐車スペースはございませんので、自家用車での来校はできません。また、例年、学校周辺に駐車される方を放送で呼び出す状況が発生しております。運動会の運営に支障がでるとともに、近所の方にご迷惑をおかけすることになりますので、学校周辺への駐車もしないようにご協力をお願いいたします。

図 2-9　保護者への配布資料[17]

第 3 節　考察

　前節では、出畑教諭によってなされた「運動会の運営」における二つのアイデア、「一時観覧席設置」と「全校舎開放」について詳述した。

　新校舎増築によって生じた「競技観覧スペース不足」と「休憩スペース不足」という課題は、対応を怠れば運動会の運営に支障をきたし、また出畑教諭とＤ小学校が重視する「保護者・

第2章　ミドル・アップダウン・マネジメントの実際(1)

地域との連携」にも影響を与えかねない。この理想（＝「保護者・地域との連携」）と現実の間に生じた矛盾を解決した出畑教諭が取った行動はまさに、学校組織におけるミドル・アップダウン・マネジメントを示すものであるといえる。以下では、この出畑教諭によってなされたミドル・アップダウン・マネジメントの実現要因について、二つのアイデア実現プロセスの比較を通じて考察する。

　前節で詳述したアイデア実現過程からも分かるように、出畑教諭によるアイデアは、水田教諭、副校長、教頭という三者からの協力を獲得する「巻き込み」によって実現した様子が窺える。

　水田教諭は「一時観覧席設置」と「全校舎開放」のいずれにおいても、「アイデアの実現可能性」を提示する役割を果たした。ただし、その提示の意味合いは二つのアイデアで異なる。

　水田教諭は企画委員会後、出畑教諭から「一時観覧席設置」についての協力打診を受ける。その後、出畑教諭との度重なる打ち合わせや、運動会運営の中核という立ち位置を利用した体育部内での調整、そして管理職との意思形成を主体的に行い、「一時観覧席設置」実現へ向けた行動をとった。一方「全校舎開放」に関しては、得点板設置やシルバー席の配置、そして校舎内への侵入者対策という危機管理面から実現可能性へ疑問を呈し、「体育館の開放と昼食時に限った北校舎一階の開放」という開放規模を大幅に縮小した代替案を提示した。

　副校長も「一時観覧席設置」においては、最終的に残った「児童席と一時観覧席の境界が十分に取れない」という課題に対し、「杭とロープ購入」の交渉役を引き受けるという役割を担った。一方「全校舎開放」に関しては、かつて自身が経験し

53

た「校舎内への中高生からの落書き」を踏まえ、危機管理面への危惧を理由に反対し、水田教諭と同じく「体育館の開放と昼食時に限った北校舎一階の開放」という代替案を示した。

　これに対し、今年度、中学校からの交流人事で赴任した教頭は、上記水田教諭、副校長が反対した「全校舎開放」の代替案「体育館の開放と昼食時に限った北校舎一階の開放」に対し、出畑教諭の提案に限りなく近い「体育館の開放と昼食時に限った北校舎全階の開放」という第三の案を提示し、副校長の説得を行った。

　以上より出畑教諭のアイデア「一時観覧席設置」は、水田教諭と副校長の協力により実現し、またもう一つのアイデア「全校舎開放」は教頭の協力によって実現していることがわかる。ここからミドル・アップダウン・マネジメント実現要因として、ミドルリーダーと学校組織構成員との相互作用でなされるプロセスとしての「巻き込み」の存在が読み取れる。

　しかし、本章で取り上げた「運動会の運営」事例は、運動会前後の短期間で行われたアイデア実現事例であり、そのコミュニケーション相手も限られている。第1章で確認したように、ミドル・アップダウン・マネジメントは、組織構成員との相互作用を通じてダイナミックに繰り返される組織的知識創造に適したマネジメント・スタイルである。それゆえ、学校組織におけるミドル・アップダウン・マネジメントを考察するうえでは、より長期的かつ多角的な視野から学校経営を捉えることが望ましい。

　以上の課題を踏まえ次章では、学校組織において長期的に実施された事例を対象とした分析を試みる。[18]

第2章注

(1) 本章以降、学校・自治体名はランダムに割り当てたアルファベットで表記する。

(2) 本章における「運動会の運営」は、運動会の事前準備段階からの一連のプロセスを指す。

(3) 前章脚注(4)で述べたとおり、近年のミドルリーダーに関する議論は拡散しており、その内容は学校種によっても異なる。本書ではこのような状況に鑑みて、分析対象を小学校に限定し論述していく。

(4) 以降の人物名はすべて仮名である。3章以降も同様。

(5) D小学校『平成21年度学校経営方針』p.87。

(6) さらに調査時は、新型インフルエンザがT市内で流行した時期であり、D小学校でも学級閉鎖が起こるなど、多忙極まる時期であった。

(7) 本章はD小学校での参与観察で得たデータを用いて論述する。当該調査で得た会話データはゴシック、筆者の補足は( )で記載し、データ末尾には時間・場所等の情報を記載する。

(8) 調査期間中（9/14～18）の出畑教諭の行動は、「周囲とのコミュニケーション（雑談、打ち合わせ等）」が1,070分（接触回数815回、調査全体の44.1％）、「コミュニケーション以外（授業・デスクワーク等）」が1,359分（調査全体の55.9%）と、勤務時間の5割近くを周囲とのコミュニケーションが占めていた。

(9) 例えば、調査期間中に出畑教諭の仕事ぶりを称えたある教員の発言、「出畑先生はさすがやもんね。スーパーマンだから。」（4学年教諭、9月16日18：56）からは、出畑教諭の働きぶりが周囲から肯定的に捉えていることが窺える。

⑽ D小学校『平成21年度教育指導計画』p. 2。なお、重点目標は他に、「心の教育の充実」、「D小らしい教育の推進」、「学校の自主性・自律性」が挙げられている。

⑾ D小学校の企画委員会は、「職員会議に提出する議案をとりまとめるとともに、各学年、各部からの議案事項を審議し、その連絡調整を図る。また、人事が円滑、適正に行われるように協議したり、緊急な事項について審議を行ったりする」（D小学校『平成21年度教育指導計画』p. 8）という性格を持ち、校長、副校長、教頭、教務主任、各学年主任、特別支援教育コーディネーター、専科担当、学校事務のメンバーで行われている。

⑿ 出畑教諭と水田教諭の会場配置に関するやり取りは、調査期間中、計55分にわたり断続的に行われた。なお、やり取りが行われた時間および場所は、昼休みや放課後の職員室、6年生の運動会学年練習（組体操、学級対抗リレー）中の体育館や運動場、全校練習中の運動場と様々であった。

⒀ 保護者への配布資料をもとに加筆・修正して作成。

⒁ D小学校では毎年、地域在住の高齢者が参観するためのテントを本部テント横に確保している

⒂ 先述した、水田教諭に対する「一時観覧席設置」への協力打診もこの時に行われている。

⒃ 保護者への配布資料をもとに加筆・修正して作成。

⒄ 保護者への配布資料をもとに加筆・修正して作成。

⒅ なお、水田教諭、副校長、教頭の三者が出畑教諭の「巻き込み」を受け、自発的な行動をとった理由についての考察は、本章の分析、すなわちエスノグラフィでは困難である。この点については4章および5章で再度取り上げ論述する。

第3章　ミドル・アップダウン・マネジメントの実際(2)
──校内研修における授業研究の継続を事例として──

　本章では前章同様、ミドル・アップダウン・マネジメントに関する事例研究を行う。対象とする事例は、ある小学校で継続的・発展的に実施された校内研修における授業研究（以下、授業研究と略記）である。学校内で日々行われる授業研究を事例とすることで、長期的に行われるミドル・アップダウン・マネジメントの様相を捉えることが可能になると考える。

第1節　分析対象および研究方法

第1項　Y小学校の属性

　本章で対象とする事例は、Y小学校の授業研究である。Y小学校は創立100年を超え、F町で最も歴史の長い学校であり、児童数は700人を超える。また以前より授業研究が盛んな学校でもある[1]。

　Y小学校があるF町は純農村地帯として発展していたが、隣接する県庁所在地のS市街地がそのエリアを北部へ伸ばすにともない、住宅都市としての要素が高まり宅地化が進みはじた。近年ではS市のベッドタウンとして位置づき、人口は増加傾向にある。

　F町には五つの小学校がある。F町教育委員会はこれら五

つの小学校に対して研究指定（研究期間2〜5年）を行っている。
例えばY小学校は、2002年度〜2006年度の5年間、2007
年度〜2008年度の2年間、2009年度〜2011年度の3年間、
2012年度〜2014年度の3年間と研究指定を受けている。

第2項　調査協力者およびデータ収集方法

　Y小学校では、「自己肯定感の育成」を研究テーマとした授業
研究が数年来継続して実施されている。本章ではこの内容およ
び変遷を把握するべく、Y小学校に在籍経験のある教員に対し
インタビュー調査を行った。調査協力者の属性等は表3-1に
示すとおりである。

　また、表3-1に示した各教員へのインタビューに加え、Y小
学校で作成された研究紀要の収集（『2006年度 研究紀要』、『2008
年度 研究紀要』、『2010年度 研究紀要』、『2011年度 研究紀要』）や研
究発表会等の観察を行った（表3-2）。

表3-1　調査協力者の属性等

調査協力者	調査当時の所属	日時	場所
木室教諭	F町教育委員会指導主事 教職経験年数：23年	2010年8月25日10:00〜11:00	F町役場　休憩室
		2011年2月23日13:00〜14:00	F町役場　相談室
井戸教諭	H大学付属小学校教諭 教職経験年数：11年	2010年8月25日16:00〜17:00	H大学付属小学校　教室
		2011年8月2日17:30〜18:30 ※松尾教諭と合同で実施	H大学付属小学校　教室
		2012年8月6日10:00〜11:00	H大学付属小学校　教室
松尾教諭	M小学校教諭 教職経験年数：22年	2011年8月2日17:30〜18:30 ※井戸教諭と合同で実施	H大学付属小学校　教室
田先教諭	Y小学校教諭 教職経験年数：21年	2011年8月2日15:30〜16:00	Y小学校保健室
		2012年8月16日9:00〜9:30	
坂本教諭	Y小学校教諭 教職経験年数：6年	2012年8月29日10:00〜10:30	Y小学校保健室
山口校長	F町教育委員会嘱託職員	2012年9月21日13:00〜14:00	F町役場　会議室
福田校長	Y小学校校長	2012年8月29日10:30〜11:30	Y小学校　校長室

表3-2　分析対象期間

	2005	2006	2007	2008	2009	2010	2011	2012
	研究指定(2002～2006)		研究指定(2007～2008)		研究指定(2009～2011)			研究指定(2012～2014)
	家庭科全国大会			研究発表			研究発表	
木室教諭	(附属小)	4年主任	5年主任	(F町教委)			(H県教委)	
井戸教諭	(N小)		5年	研究発表 5年	6年	(附属小)		
松尾教諭	全国大会発表	5年主任	研究主任 6年主任	研究主任 6年主任	研究主任 6年主任	研究主任 5年主任	(M小)	
田先教諭	(K小)		5年	研究発表 4年	6年			
坂本教諭		Y小講師 4年	(L小)				研究発表 3年	
山口校長	(H県教委)		校長				(F町教委)	
福田校長	(R小校長)		(O小校長)			校長		

※網掛け部分は各教員のY小学校在籍期間。

第3項　研究方法

　本章ではスクールヒストリーの視点からY小学校の授業研究を分析する。スクールヒストリー研究は、「学校の生態、組織の生成・発展・消滅、学校の“息遣い”を長期の時間の流れの中から取り出す」ことを目的とするものであり、「学校の諸活動や発展過程を学校をとりまく関係機関や集団などと関連付けながら、時間的な経過に即してとらえていく」（天笠 1995: 52）。その特徴は以下の4点としてまとめられている（天笠 1995: 52–53）。

1. 学校内部におけるイノベーションの導入・実施と外部環境の関連を分析する。
2. 長い時間的スパンをもってイノベーションの導入・実施をとらえる。
3. イノベーションの導入・実施に役割を演じた教育実践家個人ないし集団を浮彫りにし、その人間的な側面に迫る。

4. イノベーションの導入・実施のダイナミックスを克明に
解明するケーススタディを実施する[2]。

　スクールヒストリー研究の例としては、上述したスクール
ヒストリー研究の特徴を示すとともに、ティームティーチン
グ[3]の導入・展開・転移過程を描き出した天笠（1995）や、体
育に関する国の研究指定校制度という外生的変革を受容した
二つの小学校のスクールヒストリーの比較から、学校体育経営
における革新の定着要因を検討した清水（2001）、「地域との合
同運動会」を事例として取りあげ、合同運動会を実施する二つ
の学校の比較から、学校経営組織内の意味継承の方法と地域住
民の経営参加形態の相違がイノベーションの継続に影響を与え
ることを明らかにした横山・清水（2005）がある。
　本章はかかる先行研究の方法を参照し、Y小学校における
授業研究の実際を描き出す。

第2節　事例の実際

第1項　「自己肯定感」研究の開始

　国際比較調査等を通じ、わが国の子どもの自己肯定感の低下
が課題視されている[4]。また本分析の対象である2000年前半
は、学習指導要領の改訂にともなう子どもの「生きる力」の育
成に向けた教育の在り方の見直しが求められた時期であり、こ
うした背景のもと、Y小学校は「自己肯定感を抱くことのでき
る子どもの育成」（以下、「自己肯定感の育成」と略記）を重視した研
究に取り組み始めた[5]。当初は算数での研究であったが、2005

年度の家庭科全国大会会場指定を受け、2004年度は算数・家庭科研究の二本立て、2005年度は家庭科単独の研究、研究指定最終年度の2006年度は家庭科・算数の二本立てで研究を行っている (図3-1)。

そして5年間の研究指定を終えた翌年の2007年度、Y小学校はF町教育委員会から2年間の新たな研究指定を受ける。しかし、全国大会で完成度の高い家庭科研究を行ったため、Y小学校では更なる高みを目指すモチベーションが低下しており、また同時に、全国大会を終えた後の「研究疲れ」のためか、Y小学校の研究に向かう雰囲気は低調であった。

この2007年度に山口校長が赴任する。当時Y小学校における算数学力はF町でも低位にあった。山口校長はこの状況を改善すべく、算数研究の充実を目指す。そこで、その牽引役としての役割を期待されたのが、前年度 (2006年度) にY小学校へ異動してきた木室教諭であった。

Y小学校では毎年、その年の授業研究の方向性を示す提案授業が5月に実施されているのであるが、木室教諭はこの提案授

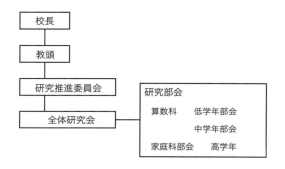

図3-1　2005・2006 年度Y小学校研究組織図[6]

業における算数授業を一任され、家庭科での提案を行う研究主任 松尾教諭とともにも、提案授業を行うこととなった。

第2項 「交流タイム」の導入
(1) 「交流タイム」の発案

　木室教諭は「子どもの授業理解」を重要視し、これまで実践を行ってきた。この考えをもとに、木室教諭は提案授業へ向けた新たな授業スタイルを考える。

　算数授業では、「教師による問題提示→子どもの自力解決（＋適宜教師によるアドバイス）→発表」という形式が一般的である。しかし、木室教諭はY小学校の授業研究テーマである「自己肯定感の育成」という視点から従来の算数授業形式を捉えたとき、疑問を抱く。

> 木室教諭：みんなが（自力解決で）答えを持って（中略）、全員が
> 　　　　学習に参加しないとけない。(中略) そのときに、例えばもの
> 　　　　すごく時間かかって、(中略) 先生が、足早にまとめながら、
> 　　　　「みんなわかったね」みたいな感じで終わる授業も多かったん
> 　　　　です。(2011年2月23日)

　従来の算数授業では、子どもは「答えを持つ」ことが求められ、答えを持てない子ども、すなわち子どもの「わからない」という思いは置き去りにされることが多かった。これに対し木室教諭は、「自己肯定感」の視点から算数授業を捉えなおし、子ども自身が「解けない問題があることに気付く」、「わからないことに気付く」ことも「答え」の一つであると着想した。その上で、「問題が解けない自分」を認め、さらに周囲の友人からも

「問題が解けない自分」を認められる経験を通してこそ、本当の意味での「自己肯定感」が育まれるのではないかと考えたのである。

> 木室教諭：「答えをもってないのがダメ」っていう発想を取っ払えばいいんじゃないか。わからない子は、気楽に、「わからん」って他の子に言える。わかってる子がわからない子に、「じゃあ、私教えるよ」って。そういう学級集団をつくって、学ぶことで。「わからん」っていうのも一つの答えとして、認めようよって。(2011年2月23日)

　そして、この手段として発案されたのが「交流タイム」である。「交流タイム」は、自力解決後に子どもたちが席を離れ、仲間と考えを交流させる時間を指す。この「交流タイム」では、子ども同士が相手の状況（理解度）を把握する必要があるが、木室教諭はその手立てとして、子どもの身近にある「体操帽子」を用いた。答えが分かった子どもは「赤帽子」、答えが分からない子どもは「白帽子」をかぶることで自身の考えを表明するのである。この方法により、問題が解けない子ども（白帽子）は問題が解けた子ども（赤帽子）へと疑問を投げかけ、その交流の中からともに考えを深めることができる。また、教師も子どもの理解度を把握することができ、その後の指導に生かすことができた。

　そして「交流タイム」後、子どもに発表を求める段階では、「交流タイム」を通して知った友人の考えを踏まえ、「誰の解法がよかったか」や、「誰の説明が上手だったか」といった発表が可能になる。これによって、「答えが分かる子ども」だけでなく

「答えが分からない子ども」も授業に参画可能となる。すなわち、発表の段階においてもすべての子どもが成就感・達成感を味わう機会を持つことができ、結果として自己肯定感の育成が期待できるのである。

　ただし、体操帽子を用いて自身の立場を表明する「交流タイム」を行うためには、「できないことを共有し、失敗したことに共感できる集団作り」という学級経営の力量が試される。この点が配慮されずに「交流タイム」実践が行われたとすれば、「できない」という自身の立場を子どもが表明することは不可能であり、むしろ子どもたちの自己肯定感を損なうことにもつながりかねない。そのため、「交流タイム」を発案した木室教諭は、提案授業までの約1ヶ月で、「交流タイム」を行い得る学級づくりに取り組んだ。

(2)　提案授業と周囲の反応

　5月の提案授業で木室教諭とともに授業公開を行う予定であった研究主任の松尾教諭は、家庭科全国大会（2005年度）での研究発表を担当している。

　松尾教諭はY小学校での研究を通じて家庭科の可能性を再確認し、これまで自身が行ってきた「自己肯定感の育成」に関する家庭科授業へ手ごたえを感じていた。

> 松尾教諭：保護者の応援とかもあって、すごくそれ（＝家庭科研究）が上手に回って。大変勉強になった。（中略）家庭科ってこんなに、子どももね、保護者も変えられるんだなって、すごく感じた。(2011年8月2日)

第3章　ミドル・アップダウン・マネジメントの実際(2)

　上記のような思いを持ち、2007年度も継続して家庭科研究を行う心づもりであった松尾教諭は、家庭科を主軸とした授業研究を構想していた。木室教諭から「交流タイム」構想が伝えられたのはその折であり、松尾教諭は当時を振り返り、以下のように述べている。

　　松尾教諭：木室先生から「こういう提案をしたい」っていう話がきたときに、やっぱり、純粋にすごいなと。(中略)それを聞いた時に本当に、目からうろこじゃないけど。すごいなぁって思ったね。(2011年8月2日)

　この時、「交流タイム」実践は未だ構想段階であったが、その理念は松尾教諭の心を揺さぶった。そして、提案授業内容に対して松尾教諭からの承認を受けた木室教諭は、2007年5月初旬に「交流タイム」を用いた算数の提案授業を行う。そしてこの木室教諭の提案授業は、周囲の教師から肯定的に受け止められた。

　　山口校長：その授業がよくできてるわけですよ。これ大きいんですよ、やっぱり。それを見て、自分の授業と比べて、「あぁ、いいなぁ」、「自分もこんな授業がしたいな」って(思う)。そういう部分があるんですよね。(2012年9月21日)

　　田先教諭：子どもたちが自由に生き生きと、友達同士で話をして、その中で学んでいく姿がすごくいいねぇって。
　　　　　　　　　　　　　　　　　　　　　　　　　　(2011年8月2日)

学級を開き、まだ一ヶ月程度の５月であるにもかかわらず、木室教諭の授業は子どもが主体的に動き対話し、相互に認めあうものであった。この「交流タイム」を用いた授業はＹ小学校教師の心を動かすこととなり、この年よりＹ小学校では、「交流タイム」を用いた算数授業を中核に据えた校内授業研究が行われることになったのである（図3-2、図3-3）。

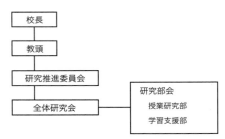

図3-2　2008年度Ｙ小学校研究組織図[7]

```
交流タイム（あのねタイム）

　交流タイムとは、自力解決において、「分かっている」または「わからない」、さらには「もっとわかりたい」「他の考えにふれたい」自分を明らかにし、互いに意見を交流しながら考えを深める場である。
狙いは以下の通りである。

○人との交流の中で「自分のよさ」に気付くとともに、コミュニケーション能力を高める。
・自分の解決法を説明することで、自分の考えを確かなものにする。
・解決法が分からない児童は、友達の説明を聞くことにより課題解決のきっかけをつかむ。
・互いの意見を交流することで、自分や友達の考えのよさに気付く。
・発表場面の意見交流を活発にする。

　形式としては従来の「自力解決→発表」ではなく、自力解決の中に交流タイムを取り入れ、その後発表へと展開していく。
　また、「交流タイム」の中では、自己肯定感を抱くために必要な「ありのままの自分」を素直に表現すること」そして、

『できないことを共有し、失敗したことに共感できる集団作り』＝学級経営

が大切となってくる
```

図3-3　交流タイム[8]

⑶ 周囲との共通理解

「交流タイム」は、Ｙ小学校における授業研究の中核として位置づくことになったが、授業研究という組織的な取り組みを行う上では、そのリーダーである研究主任とのやり取りが欠かせない。そこで木室教諭は授業実践を通じ、研究主任である松尾教諭との共通理解を図った。

　木室教諭：何をやってるかっていうのをできるだけ具体化して話すようにしてる。それで、具体策を聞けば、「あ、この人の考えてることは自分と同じだ」とか思うし、違うことに対しては意見をもらえるから。(2010年8月25日)

　松尾教諭：木室先生は実際に実践で見せてくれるしね。見せないとダメ。口だけでは。木室先生は理論があって見せる。

(2011年8月2日)

　井戸教諭：松尾先生と木室先生の二人はね、どっちかというと正反対。(中略) 違うんだけど、その方向がね、まったく違うことを言わない。言ってることは同じ。(中略) その中で木室先生が授業の提案をして、松尾先生がそれを固めて。で、こっち (＝井戸教諭) はそれを実践しながら、その (理) 論がちゃんとなるようにしていく。(2011年8月2日)

　また、木室教諭はこれまでの教職経験から、組織で動くこと、学年教員全員で同学年の子どもを育てることを重視していた。そのため、同学年の田先教諭と、当時Ｙ小学校で最も若手であった井戸教諭との度重なる授業公開を行った。

木室教諭：同学年で、共通の歩調で歩めるような手立てを打つ必要がある。共通理解をして、みんなが同じことをしないと、同学年の子どもは育たない。ぶれたら、ねぇ。かわいそうだからね、他のクラスの子が。(中略) まずは同学年の先生に、しっかり伝えないといけない。5年生のこの3人は同じ流れで、ちゃんと授業ができることが大事じゃん。

(2010年8月25日)

田先教諭：自分が、(教職) 何年目かな…もう14、15年目にここ (＝Y小学校) に来たわけなんですね。それぞれある程度、他の学校でしてきたんですけど。その1年はすごく勉強になりました。授業のこともですし、学級経営のこともですし、木室先生が学校でどんな動かれるかとかでも。(中略) 同学年を大事にしたり、揃えたり、子どもたちを (中略)。担任って、自分のクラスがよければいい、じゃないですけど、(木室教諭は) 学年のこともよく見てくださって、同じように他のクラスも怒ってくださるし。「何かする時には学年で」って。すごく大事なことをたくさん学べた。そういういい経験的なところもだし。授業に対するやり方とかもですね。

(2011年8月2日)

井戸教諭：木室先生の授業を、もう (時間の) 空きがあればすぐに見に行く。(筆者：木室先生から見てもらうことは？) そう、見てもらったりするし、こっちもよく見に行ってね。何十本って見たと思う、田先先生と2人でね。

(2010年8月25日)

上述の取組を通じ、「交流タイム」に関する木室教諭の理念が松尾教諭、田先教諭、井戸教諭へと伝わっていった。

第3項　「交流タイム」の修正
(1)　「黒帽子」の発案
　「交流タイム」研究開始2年目の2008年度、交流タイムを提案した木室教諭は、F町教育委員会へ異動する。
　「交流タイム」の発案者であり、かつ、実践の牽引者であった木室教諭の異動により研究の停滞が起こるかと思われたが、Y小学校の「交流タイム」はこの年さらに発展することとなった。昨年度、木室教諭と同学年を担っていた当時Y小学校で最も若手の井戸教諭が当該実践の新たな牽引者となったのである。
　井戸教諭は、木室教諭と取り組んだ1年間の「交流タイム」実践の中で、「交流タイム」の課題に気付く。

　井戸教諭：木室先生とした1年間はそれ（＝赤帽子・白帽子）で
　　　　やってたんだけど。ずっとしてたら、赤白じゃどうしても
　　　　ね、語れない子がいたんですよ。赤帽子は自分の考えの分か
　　　　った子、分からない子は白帽子だったら、もう1個「表現す
　　　　る力」っていうのがいるんですよね。だから、「頭ではわかっ
　　　　てるけど、説明ができない」、そういう子も白帽子にするか
　　　　ら、「わからない」っていう立場になる。それが、ちょっとな
　　　　んか、選びにくいなぁって思って。子どもの（姿を）見てた
　　　　ら。(2012年8月6日)

井戸教諭は、「問題を解けない子ども」と「相手に説明できる子ども」の間にいる、「自分の考えはあるがうまく説明できない子ども」の存在に気付いたのである。そこで井戸教諭は、「相手に説明できる＝赤帽子」、「自分の考えはあるが説明できない＝白帽子」、「問題を解決できない＝帽子をかぶらない（黒帽子）」の３パターンで子どもが立場を表明する手立てを発案した。

　　井戸教諭：なんとかならないかって思った時に、何もない、帽子もないときが「考えても思いつかない」。で、白は「わかってるけど、説明はできないぞ」って。だから、書けてるかもしれないんですよね。書けてても書けてなくてもいいけど、一応何となくわかってると、白は。(2012年８月６日)

　そしてもちろん、この手立てを実施するためには、「ありのままの自分」を表現できる学級集団であることが前提である。井戸教諭はこの点を踏まえた学級経営に取り組み、自身の学級において赤・白・黒帽子による「交流タイム」実践を試みた。そしてこの取り組みが山口校長の目にとまることとなる。
　２年間の研究成果発表のこの年（2008年度）、高学年の発表担当であった６年教諭が突然のケガにより発表できなくなる。山口校長はその代わりとして、井戸教諭へ発表を打診した。

　　山口校長：よく研究をしてたし、若かったし。(彼なら) やっぱり、研究の内容を外にアピールできるかな、と思ったんですね。
　　　　　　　　　　　　　　　　　　　　　　　(2012年9月21日)

　井戸教諭はこの依頼を受け、研究発表会で赤・白・黒帽子を

用いた授業提案を行った。そして、この研究発表会を契機として、井戸教諭の実践がY小学校に広まることとなる。

(2) 研究の継続

　研究発表後の2009年度、Y小学校はF町教育委員会より新たな3年の研究指定を受ける。この段階ですでに、家庭科全国大会以来続く「自己肯定感の育成」研究は長期にわたっており、「交流タイム」研究も昨年度の研究発表で一応の区切りは迎えていた。しかし、Y小教員からは「「交流タイム」をもっと深めたい」という声が上がり、「交流タイム」を用いた算数授業研究が継続されることになった。

　この年、研究主任の松尾教諭、田先教諭、井戸教諭は同学年として6学年を担当する。3人はこれまでの「交流タイム」実践を踏まえた研究へ取り組むとともに、学年内での実践に留まらず、Y小学校全体での「交流タイム」定着・発展を心掛けた。

　　井戸教諭：3人でね、(中略) お互いが勝負してるから。(授業を)
　　　　　　見せ合うっていうより、感じるんだよね。
　　松尾教諭：常に一緒。向いている方向が一緒だし。いろいろ自分
　　　　　　の思いを語るけど、とにかくいっぱいしゃべったよね。子ど
　　　　　　ものことも、勉強のこともなんでも。やっぱり、本当にいっ
　　　　　　ぱいしゃべったね。
　　井戸教諭：授業研究の時でいったら、私は松尾先生と席が隣だか
　　　　　　ら、質問してた。本当は同学年だから、よく話してるから分
　　　　　　かるところもあるけど、敢えて質問して、(Y小学校の教員)
　　　　　　みんなで (理解できるようにしていた)。
　　松尾教諭：(井戸教諭が) みんなに広げてくれてた。

井戸教諭：そうしないと、「分かったつもり」が一番ダメ。聞いて、質問すれば、みんなにも伝わる。(2011年8月2日)

　松尾教諭、田先教諭、井戸教諭の上記取り組みを受け、「交流タイム」研究は対象や内容の充実が進み、着実にY小学校へと定着していく（図3-4）。

　その後、2009年度末に井戸教諭、2010年度に松尾教諭が異動することになるが、2011年度にはこれまでの「交流タイム」実践を踏まえた研究成果発表が行われた。

(3) 研究のその後

　「交流タイム」開始から5年が経過した2012年度、人事異動により「交流タイム」開始当初からの変遷を知る教員は少なくなっていた。しかしその中でも、「交流タイム」の理念は着実に継承されていることが、下記 坂本教諭の発言からも看取できる。

坂本教諭：交流タイム…難しいのがまず第一ですね。何が難しいかというと、根本にあるのが学級経営だと思うんですよね。いろんなことを話せるような仲間作りができていないと、まず、うまくはいかないかな。「交流始めます」と言っても、いつも仲のいい子たちだけとしゃべってしまうとか。
（中略）誰とでも話せる状態っていうのを（つくらなければいけない）。日頃の学級が、誰が発表しても「すごいねぇ」って認めてあげたりとかですね。「ええ、なにそれ」とか言い出すと、（意見を）言えなくなるんですよね。(2012年8月29日)

第3章　ミドル・アップダウン・マネジメントの実際(2)

交流タイム（あのねタイム）

○ 交流タイムとは、自力解決において、「分かっている」または「わからない」、更には「もっとわかりたい」「他の
　考えにふれたい」自分を明らかにし、互いの意見を交流しながら考えを深める場である。

○ 交流タイムのねらい

　人との交流の中で「自分のよさ」に気付かせるとともに、言語活動の充実を図る。

　・自分の解決法を説明することで、自分の考えを確かなものにする。

　・解決法が分からない児童は、友だちの説明を聞くことにより課題解決のきっかけをつかむ。

　・互いの意見を交流することで、自分や友だちの考えのよさに気付く。

　・ひらき合い場面の意見交流を活発にする。

○ 形式としては従来の「自力解決→ひらき合い」ではなく、自力解決の中に交流タイムを取り入れ、その後ひら
　き合いへと展開していく。

めざす子どもの姿	（低学年）①自分なりの方法で、考え を伝えようとする子 ②友達の話を聞いて、同じ考えか、違う考えかわかる子	（中学生）①相手にわかりやすい方法で、自分の考えを伝えようとする子 ②友達の話を自分の考えと比べながら聞くことができる子	（高学年）①相手が必要としていることを考えて、筋道を立てて話すことができる子 ②友達の考えを参考にしながら、自分の考えを確かなものにし、ひらき合いにつなげようとする子
交流の流れ	自力① ↓ 交流タイム（教師主導）	⇒	自力① ↓ 交流タイム	⇒	自力① ↓ 交流タイム ↓ 自力②
自力①	支援（教師主導）・ヒントカード・TTによる支援（集団・個別）	⇒	支援（児童主体）・ヒントカード	⇒	自力
交流パターン	1対1・隣同士・ペア	班・生活班・その他の班	小集団・考え方・帽子の色	フリー
自力②	全員（一斉）	⇒		児童の判断

【教師の手立て】

○ 学年の発達状態や内容によって、交流タイムのパターンを考える。

○ 児童に相手意識、目的意識をしっかり持たせる。

○ 自力解決での子どもの考え・状態を把握し、必要に応じた支援をする。

　・交流相手の選択

　・説明のサポート

　・理解度の確認

○ 赤帽子→「自分の考えを説明したい」「いろいろな考えを知りたい」

　白帽子→「説明できるようになりたい」

　黒帽子→「分かるようになりたい」

といった子どもたちの思いを大切にしていく。

また、「交流タイム」の中では、自己肯定感を抱くために必要な『「ありのままの自分」を素直に表現すること』そして、

『できないことを共有し、失敗したことに共感できる集団作り』＝学級経営

が大切となってくる。

図3-4　2009年度以降の交流タイム[9]

73

坂本教諭は2011年度にY小学校に異動した教員であり、2007年度から続く研究の詳細を知らない[10]。しかしその坂本教諭であっても、「交流タイム」に求められる「学級経営の重要性」を認識している。これは2007年度に初めて「交流タイム」を提案した木室教諭が指摘した点と同様のものである。

　そして2011年度に研究発表を終えたY小学校は、2012年度から3年間の新たな研究指定を受けた。そのテーマとして検討が進められているのが、「交流タイムの効果的活用」である。

　福田校長：今年度からは、交流を用いるのはどういう場面が子どもにとって一番いいのかと。(授業内容によっては)あんまり交流しないでいい場面もあるんですね。(2012年8月29日)

　田先教諭：授業で一番狙いとしてて、それに交流が適するかっていうことを少し考えて、「単元の中の、ここと、ここと、ここに入れよう」っていうようなことを今年確認し合おうっていうことが(話し合われています)。(2012年8月16日)

　算数授業全体へ「交流タイム」を導入・実施するのではなく、「交流タイム」が適する授業、適しない授業を精査する取り組みが始まったのである。木室教諭による交流タイム提案から5年が経過したY小学校の研究は、その深化を続けていた。

第3節 考察

　前節では、Ｙ小学校で継続的に実施されている授業研究について詳述した。この事例からは、授業研究の停滞という課題を木室教諭、松尾教諭、井戸教諭が中心となり解決した、ミドル・アップダウン・マネジメントの様相が読み取れる。

　「運動会の運営」を事例とした第2章では、ミドル・アップダウン・マネジメント実現要因としての「巻き込み」を抽出した。この「巻き込み」行動は、アイデア実現へ向けた協力者獲得の行動であり、また、ミドルリーダーと学校組織構成員の相互作用でなされるプロセスとしての性格を持つ。そしてこの「巻き込み」の存在は、本章で取り上げた授業研究におけるミドル・アップダウン・マネジメント事例においても確認できる。

　木室教諭は、家庭科全国大会後に停滞したＹ小学校の授業研究の活性化をめざす。そしてその取り組みは、研究テーマである「自己肯定感の育成」を踏まえ発案した「交流タイム」として結実する。ただし、木室教諭は学年主任という立場にあり、授業研究において「交流タイム」を展開するためには、必然的に、研究主任である松尾教諭や周囲の教員の協力が必要となる。そこで木室教諭は、松尾教諭との「交流タイム」実践を通じた共通理解を図るとともに、学年主任を務める同学年教員との度重なる授業公開を行った。こうして木室教諭は松尾教諭と同学年教員である井戸教諭の「巻き込み」を図ったのである。

　木室教諭からの「巻き込み」を受けた松尾教諭はもともと、家庭科全国大会へ向けた家庭科研究を機に家庭科授業への手ごたえを感じ、2007年度も家庭科研究の継続を志向していた。しかし、木室教諭からの「交流タイム」実践への「巻き込み」を

受けて以来、自身の研究を「交流タイム」研究へシフトすることになる。具体的には、「交流タイム」導入初年度における木室教諭との共通理解や、研究主任として行った「交流タイム」実践の調整、そして2009年度、井戸教諭と同学年で行ったY小学校全教員の「巻き込み」など、「交流タイム」研究において中心的役割を果たしたのであった。

　最後に井戸教諭である。井戸教諭は「交流タイム」導入時の2007年度、Y小学校で最も若手であった。しかし、学年主任木室教諭との度重なる授業公開を通じて「交流タイム」を理解した井戸教諭は、「交流タイム」の課題を認識する。その課題解決へ向け、2008年度には「交流タイム」修正を行い、研究授業発表を機にY小学校教員の「巻き込み」を果たした。さらに、2009年度には上述のように、松尾教諭とともにY小学校での「交流タイム」定着を図る役割を担っている。このように、Y小学校における授業研究の継続は、木室教諭、松尾教諭、井戸教諭という三者を中心とした、周囲の教員の「巻き込み」によってなされたといえる。

　以上、前章および本章の分析を通じ、ミドル・アップダウン・マネジメント実現要因としての「巻き込み」が確認された。ただし、前章および本章の分析では読み取れない事象が残る。それは、「「巻き込み」がなぜ可能になったのか」という点である。

　ここまでの分析からは、ミドル・アップダウン・マネジメントプロセスにおける濃密な相互作用の存在を確認することができ、おそらく、その相互作用において「巻き込み」が実現すると予測できる。しかし、エスノグラフィとスクールヒストリーを用いた分析からは、上記プロセスの具体については十分に言及することはできない。

第3章注

(1) Y小学校はこれまで、民間研究団体主催の理科研究における受賞歴や、家庭科全国大会会場校として全国発表を行った実績を持つ。

(2) このような特徴を持つスクールヒストリー研究は、「個人の人生、すなわち、その人の過去から現在にいたる体験および主観的な意味づけの記録であるライフヒストリーのデータを第一次資料として、新たな知見、仮説、理論を構築する研究の方法である」(野入2009：90) ライフヒストリー研究に近い性格を持つといえる。

(3) ティームティーチングとは、「学習や生活の指導にあたって2人以上の指導者が連携・協力をはかりながら展開をはかっていく方法であり形態」(天笠2000：192) である。

(4) 例えば、国立青少年教育振興機構『高校生の生活と意識に関する調査報告書――日本・米国・中国・韓国の比較――』平成27年8月など。

(5) Y小学校では自己肯定感を「自分が価値ある人間であり、自分の存在を大切に思う気持ち」と定義づけ、自己肯定感には以下に示す3段階があると捉えている。
　　1.「ありのままの自分」を認めることができる
　　2. 人との交流の中で「自分のよさ」に気付くことができる
　　3. 達成感や充実感を味わい、「自分のよさ」をこれからも生かしていこうとすることができる (Y小学校『2008年度 研究紀要』p. 3)

(6) Y小学校『2006年度 研究紀要』p. 7 をもとに作成。

(7) Y小学校『2008年度 研究紀要』およびインタビュー結果をもとに作成。

⑻　Ｙ小学校『2008年度 研究紀要』p. 8 をもとに作成。

⑼　Ｙ小学校『2010年度 研究紀要』pp. 6 - 7 をもとに作成。

⑽　ただし、2006年度には講師としてＹ小学校に在籍し、木室教諭と 4 学年を担当している（表 3 - 2 参照）。

第4章　M-GTA の特徴と分析手順

　前章まででは、二つの事例の検討を通じ、ミドル・アップダウン・マネジメント実現要因としての「巻き込み」を抽出した。本章では前章までの成果と課題を検討した上で、その課題解決の可能性をもつ M-GTA の特徴と分析方法を確認する。

第1節　研究対象との適合性

第1項　前章までの小括

　まず、第2章、第3章の内容を簡単に振り返り、ここまでの成果と課題を小括する。

　第2章では、「運動会の運営」における意思形成を事例とし、二つのアイデア実現過程をエスノグラフィを用い描写した。また第3章では、停滞傾向にあった授業研究の活性化へ向け行われた新たな授業実践の展開過程を、スクールヒストリーの視点から提示した。

　上記二つの事例から明らかになったのは、ミドル・アップダウン・マネジメント実現要因としての「巻き込み」の存在である。このミドルリーダーによってなされる「巻き込み」は、アイデア実現へ向けた協力者獲得の行動であり、ミドルリーダーと学校組織構成員の相互作用でなされるプロセスとしての性格を持つ。

本書冒頭で述べたように、従来のミドルリーダー研究は、ミ
ドルリーダーに期待される「あるべき姿」(当為論) を述べるも
のや、ミドルリーダーによってなされた事例の報告に留まるも
の、予め設定した枠組を用いて対象事例を分析しその因果関係
を探るものが多数を占める。よって、ミドルリーダーの実際の
行動からミドル・アップダウン・マネジメント実現要因として
の「巻き込み」を抽出した上記分析結果は、本書の成果の一つ
と言える。

　しかし、前章までの作業では、「巻き込み」がいかにしてなさ
れるかというプロセスの把握や、プロセスの説明と予測を可
能とする理論の生成には至っていない。既述のように、学校
経営を対象とした先行研究ではこれまで、「複雑な経営過程を
支える学校の諸条件を分析する手法の拙劣さ」(高野1986：281)
および析出された「要因間の相互関係を明らかにする」(住岡
2000：72) という課題が指摘されているが、本書のこれまでの
作業も未だ同様の状況にある。

第2項　M-GTA の特徴
(1)　グラウンデッド・セオリーの特性
　前項で述べた課題を解決する研究方法論として考えられるの
が M-GTA である。

　M-GTA は、1960年代アメリカの看護領域において、量的研
究を用いるグレイザー (Glaser, Barney G.) と、質的研究を用い
るストラウス (Strauss, Anselm L.) によって発案されたグラウ
ンデッド・セオリー・アプローチ (Grounded Theory Approach、
以下 GTA と略記) をルーツとする。当時のアメリカ社会学では、
「既存の「誇大理論 (Grand Theory)」から演繹して仮説を立て、

それを検証する」(山本2002：7) 仮説検証型の研究が主流であった。これに対して GTA は、分析対象とするデータに根ざした「たたき上げ式」(佐藤 2006：91) の理論 (グラウンデッド・セオリー) 生成を目指したのである。GTA がもつこの柔軟な方法論の在り様は、学校のような不確定な要素の多い組織研究においても魅力的であると評価されている (武井2010:31)。

この GTA を用いて生成されるグラウンデッド・セオリーは以下のような特徴を持つ。

①継続的比較分析によって生成された理論

GTA が対象とするのは、例えば、「病院で死ぬときに何が起きるか」について「病院スタッフと患者」に焦点を当てるというような、特定の領域において人と人によってなされる相互作用である (Glaser & Strauss 1965 = 1988：X)。この相互作用によってなされる変化を、データに密着し、かつ「類似と対極の二方向で比較検討し、その有無をデータで継続的に確認」(木下2003：27) するという継続的比較分析によって分析し、対象とする人間行動を説明する。この継続的比較分析によって分析の最小単位である概念と複数の概念間の関係を解釈的にまとめたカテゴリーが生成され、カテゴリー間の関係からプロセスが明らかにされてゆく (図4-1)。

②領域密着理論

継続的比較分析によって生成されたグラウンデッド・セオリーは、対象とする領域における人間行動を説明し、かつ予測を可能とする理論である。これはつまり、グラウンデッド・セオリーは理論の適用先である現実への適合性 (fitness) を持つことを意味する。そして、研究対象とする具体的領域のリアリティに対応するデータに根拠づけられた理論は、そこで活動

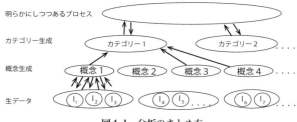

図4-1 分析のまとめ方
（木下2003：214）

する人々にとって意義のあるものとなり、また理解しやすい（understanding）。この対象領域への適合と理解しやすさという特徴ゆえ、GTAの分析結果は領域密着理論としての性格を持つ。

③実践的活用志向

　GTAの分析結果であるグラウンデッド・セオリーは、実践的活用を促すことを目的とする。そのため、日常的な状況変化の多様性に対応できる一般性（generality）も求められる。これは、分析においてなされる徹底的な継続的比較分析に加え、分析結果活用者が自ら主体的に変化に対応し、ときには必要な変化を引き起こしていけるように、理論そのものをコントロール（control）することで可能となる。このようにGTAで生成される理論は、「発見後であってもそれが適用されるたびに再定式化されるというたえざるプロセスの中にある」（Glaser & Strauss 1967=1996：331）ものである。

(2) GTAの種類

　上記のような特徴を持つGTAは、オリジナル版（Glaser & Strauss 1967）以降、Strauss & Corbin版（Strauss & Corbin

1990)、Glaser 版（Glaser 1992)、Charmaz 版（Charmaz 2006)、修正版（M-GTA)（木下 2003 など）といった広がりを見せている（木下 2014)。

Glaser と Strauss によって提唱されたオリジナル版は、GTA の特徴を提示する一方で、その具体的な分析方法は不明確なままであった。それゆえ、後に続く Strauss & Corbin 版、Glaser 版、Charmaz 版、修正版（M-GTA)では、オリジナル版が残した課題である「分析過程の体系化」に取り組むこととなる。ただし、オリジナル版以後の四者は、分析方法等の点で性格が異なる。

Strauss & Corbin 版、Glaser 版では、GTA が提唱された理由の一つである、質的研究に内在する「主観性」批判を乗り越えるべく、実証主義的厳密さや客観主義的性格を継承している。これに対し Charmaz 版は、「データは以前からこの世界に存在しており、研究者はそれを見出しそこから理論を「発見」」（Charmaz 2006 = 2008：141）するという立場の客観主義的 GTA を批判し、「データと分析の双方ともが、その産出に伴うものを反映した社会的構成物である」（同上書：141）という立場から、GTA に対して社会構成主義的性格を求めている。このように上記三者のデータ分析スタンスは異なるが、しかし、オリジナル版が課題として残したデータ分析の過程において「切片化」を用いる点では共通する。データの切片化はオリジナル版において提唱された、分析における客観性を重視する分析方法であり、データを一文、一語、一分節といった範囲で細分化して意味を検討する方法である。Strauss & Corbin 版、Glaser 版、Charmaz 版はこの切片化を用いた分析を行うものである。

一方、木下によって提唱された修正版（M-GTA)は、その分

析において切片化を行わない。これは、「人間と人間の複雑な相互作用がプロセスとして進行するわけであるから、その全体の流れを読み取ることが重要」(木下 2003：158) であり、「データの切片ではなくデータに表現されているコンテキストを理解しなくてはならない」(同上書：158) との認識による。そして具体的な分析方法として後述の「分析ワークシート」を用い、分析ワークシートを用いることによってオリジナル版 GTA が重視する客観性担保の仕組みを盛り込みつつも、人間による感覚的な理解の重要性も同時に強調するのである[1]。

⑶ 学校組織におけるミドル・アップダウン・マネジメントとの適合性

以上の GTA およびグラウンデッド・セオリーが持つ特徴を踏まえ、本書の分析視座である学校組織におけるミドル・アップダウン・マネジメントとの適合性を考えたい。

学校経営は、GTA が発案された看護領域と同じく、ヒューマンサービスに位置する事象である。GTA は人間と人間が直接的にやり取りをする社会的相互作用に関わる研究に適した研究方法論であり、その研究対象とする現象のプロセス的性格を明らかにすることが可能である。すなわち学校組織におけるミドル・アップダウン・マネジメントプロセスは、GTA を用いるに適した分析対象であると考えられる。

また、ミドル・アップダウン・マネジメントは、第1章で述べたように、組織における「暗黙知」を「形式知」に変換する組織的知識創造に適したマネジメントスタイルである。そのため、ミドル・アップダウン・マネジメントを通じたアイデア創造プロセスを分析するうえでは必然的に、言葉としては表出

されていない「暗黙知」の理解（解釈）が求められる。それゆえ、言語化されたテキストの切片化から分析を行う Strauss & Corbin 版、Glaser 版、Charmaz 版よりも、切片化を行わず文脈を含み込んだうえでの深い解釈を志向する修正版（M-GTA）が好ましい。

さらに、学校組織におけるミドル・アップダウン・マネジメントプロセスの解明は、「ミドルリーダー育成」という近年の学校教育が直面する喫緊の課題へ応答するうえでも重要な研究対象である。M-GTA は現場への応用を明確に意図した研究方法論であり、この点からも M-GTA は本研究に適合的であると考える。

以上の理由より、ミドル・アップダウン・マネジメントプロセスの分析においては、複数に分かれる GTA のうち特に M-GTA が適するといえる。以下では M-GTA の具体的な分析手順について説明する。

第2節　分析手順と対象、データ収集方法

第1項　分析テーマおよび分析焦点者

M-GTA は、前節で述べた GTA の特徴の一つである領域密着理論の生成を目的とし、データに密着した分析を行う研究方法論である。そのため分析の際には、比較的大きな研究目的・意義をもつ「研究テーマ」を具体的レベルである「分析テーマ」に絞り込む必要がある。分析視座としてミドル・アップダウン・マネジメントを設定している本書では、前章までの分析において、ミドル・アップダウン・マネジメント実現要因としての「巻

き込み」を抽出した。この「巻き込み」が行われるプロセスを示すことがミドル・アップダウン・マネジメントプロセスの理解につながると考えられるため、「ミドル・アップダウン・マネジメントにおける「巻き込み」プロセス」をM-GTAを用いる上での分析テーマとして設定する[2]。

さらに、相互作用プロセスの分析を得意とするM-GTAでは、そのプロセスを捉える視点が必要となる。M-GTAではこれを「分析焦点者」として設定するが、本書ではミドルリーダーの視点からミドル・アップダウン・マネジメントにおける「巻き込み」プロセスを捉えることから、上記プロセスを遂行するミドルリーダーを分析焦点者として設定する。

第2項　分析ワークシート

切片化を行わないM-GTAは、分析の手段として「分析ワークシート」を用いる。分析ワークシートにより、GTAの特徴であるデータに密着した分析や継続的比較分析が可能になる。

分析ワークシートは1概念に一つ作成するため、概念の個数分のワークシートができるが、以下では、本節第4項に示す調査協力者へのインタビューデータの分析から導出した概念'肯定的評価の獲得'を例に分析手順を確認する（表4–1）。

分析ではまず、分析の軸となる分析テーマに即してデータの一部分に着目し、その意味を解釈し、定義としてまとめる。「ミドル・アップダウン・マネジメントにおける「巻き込み」プロセス」を分析テーマとする本書では、当概念において、

Kp氏[3]：先生たちの（学校評価[4]の）取り組みを見える化して、自
　　　　分は外に発信をしたりとかしていって。で、さっきのほら、

第4章　M-GTAの特徴と分析手順

表4-1　分析ワークシート

概念名	肯定的評価の獲得
定義	周囲の視点からアイデアの内容や取り組みを評価してもらうことで、自身の提案したアイデアの正当性を確保する。
具体例	Kp氏：先生たちの（学校評価の）取り組みを見える化して、自分は外に発信をしたりとかしていって。で、さっきのほら、（研修の中でみんなで）決めたのもあるでしょう。9月から12月までの（行動計画）。あれも玄関に貼って。こういうのも全部貼ったら、（学校外から）来た人たちが「あぁ、こういう取り組みをしてるんだ」とか。言ってる言葉を先生たちが聞いて「あ、頑張らないといけない」ってなるんですよ。 Lo氏：何人かの先生が「じゃあちょっとやってみよう」ってやってみて。「あ、これ使えたよ」って。そこからですね。少しずつ、「この方法って（中略）、子どもたちに還元できるんじゃないの」ってもっていった。
理論的メモ	①自分でアイデアの意義を述べるのでなく、他者からの意義づけという戦略的な行動として解釈。自身でのアイデアへの意義づけもあるのか。 ②アイデア実現へ向けた、「自分での行動」・「他者の行動」という区分けでカテゴリー化できるのではないか。 ③アイデア実現へ向け、この概念はどのような役割を果たすのか。

　（校内研修の中でみんなで）決めたのもあるでしょう。9月から12月までの（行動計画）。あれも玄関に貼って。こういうのも全部貼ったら、（学校外から）来た人たちが「あぁ、こういう取り組みをしてるんだ」とか。言ってる言葉を先生たちが聞いて「あ、頑張らないといけない」ってなるんですよ。

という部分に着目した。

　筆者はこの部分を、アイデア実現のためのミドルリーダーによる戦略的行動であると解釈し、「定義：周囲の視点からアイデアの内容や取り組みを評価してもらうことで、自身の提案したアイデアの正当性を確保する。」「概念名：肯定的評価の獲得」とした[5]。これら概念名、定義、具体例は分析ワークシートの所定欄に記載する。

　分析では解釈が恣意的に進まないように、継続的比較分析を行う。その一つは、類似例が他のデータに豊富にあるかをみる類似比較である。本概念の類似例としては、

Lo 氏：何人かの先生が「じゃあちょっとやってみよう」ってやってみて。「あ、これ使えたよ」って。そこからですね。少しずつ、「この方法って（中略）、子どもたちに還元できるんじゃないの」ってもっていった。

　などが見られた。この類似例は分析ワークシートの「具体例」欄に追加記入する。なお類似比較を行った結果、その概念で説明できるデータが極端に少ない場合、その概念は有効ではないと判断し棄却する。

　また上述の分析過程と並行して、継続的比較分析の一つである生成概念の対極例を探る対極比較も行う。そして対極比較の結果や別の解釈の可能性、他概念との関連などを考え付いた場合は「理論的メモ」欄に書きとめる。具体的には表4-1に示すように、「①自分でアイデアの意義を述べるのではなく、他者からの意義づけという戦略的な行動として解釈。自身でのアイデアへの意義づけもあるのか」、「②アイデア実現へ向けた「自分での行動」・「他者の行動」という区分けでカテゴリー化できるのではないか」、「③アイデア実現へ向け、この概念はどのような役割を果たすのか」等である。

　この理論的メモは、新たな概念の生成や概念間の関連、プロセスの考察に役立てる。

第3項　理論的飽和化

　分析ワークシートを用いた作業を通じて、分析の理論的飽和化を目指す。理論的飽和化とは、分析テーマ・分析焦点者に基づき収集したデータを、理論的サンプリング[6]を行いながら継

続的比較分析し、データから新たに重要な概念が生成されなく
なった状態をさし、M-GTA では、大小二つの段階で理論的飽
和化を行う。

　まず、「小さな」理論的飽和化の判断は、分析ワークシートを
用いて個々の概念の有効性をチェックするとともに、データか
ら新たに重要な概念が生成されなくなるかどうかで行う。次
に、「大きな」理論的飽和化は、分析ワークシートを用いて生成
した概念で構成する概念図とストーリーライン[7]で行い、その
際には、概念やカテゴリー間の関係、全体の統合性から判断す
る。

　しかし、理論的飽和化の判断は分析者自身が行うものであ
り、そこに客観的な基準があるわけではない。本分析では理論
的飽和化の判断に至るまでに、M-GTA 研究会でのスーパーバ
イズを受けるとともに、教育経営学を専攻する大学教員・院
生、現職教員との協議の機会を設け、解釈の妥当性を確認し
た。また、分析結果生成後もインタビュー調査や学校における
観察を継続し、分析結果の妥当性を確認している。

　本書では上記手順を経た後、表4-2に示す、12名分のデー
タ分析の段階で理論的飽和化に達したと判断し分析を終了し
た。そして、生成した概念間の関係を整理し、カテゴリーにま
とめる収束化を行った。

第4項　調査協力者およびデータ収集

　第1章で述べたように、近年ミドルリーダーに関する研究は
増加傾向にあり、その研究対象は主に、「学校組織の「ミドル」
にある教員」と、「人生の「ミドル期」にある教員」、そして上記
を含む「組織へ影響を与える教員」が挙げられている。M-GTA

を用いたミドル・アップダウン・マネジメントの分析を行う本章においても、上記区分に当てはまる教員をミドルリーダーとして捉える。なお調査協力者の選定はスノーボールサンプリングによって行い、その際、教職経験年数や職務・職位、組織へ与える影響力について、継続的比較分析の観点から理論的サンプリングを行った。

次に、データ収集方法である。M-GTAはデータ収集においてインタビュー調査を前提とするという立場をとるため（木下2003）、本章もミドルリーダーに対してミドル・アップダウン・マネジメントに関するインタビュー調査を行いデータを収集した。インタビュー調査は、ミドル・アップダウン・マネジメントの根底にある「アイデア実現」という目的に基づき、「ミドルリーダーによるアイデア実現」の視点から、次の二つを設定し、半構造化形式で行った。

問1：学校の課題解決を目指した取り組みとして、新たなアイデアを提案した経験があるか。
問2：新たなアイデアを提案した経験がある場合、そのプロセスの具体はどのようなものか。

そして、インタビューへの回答の中で、「巻き込み」によりアイデア実現を成し遂げた経験を持つ調査協力者から得たデータを用い、分析を行った。

それぞれの教員に対するインタビュー調査時間は約1時間であり、空き教室や周囲に人のいない職員室にて筆者と1対1で行った。調査内容は調査協力者の了解が得られた場合は録音し、調査終了後に逐語録を作成している[8]。調査期間は2010

年7月から2011年8月である。

　次章では、表4-2の調査協力者から得たデータをM-GTAを用い分析した結果を提示する。

表4-2　調査協力者の属性等

	教職経験年数 （調査当時）	職位等	実践の概要
kp	22年	教務主任	・校務分掌組織に連動させた、教員全員が主体的に行う学校評価プロジェクトの実施。
Lo	23年	研究主任	・特別支援教育の研究指定（1年間）へ向けた実施体制の構築と研究の実施。
Mn	27年	研究主任 学年主任	・校内研究活性化へ向けた研究テーマ共通理解の徹底。 ・保護者懇談会参加率を高めるための、子ども預かりシステム構築。
Nm	22年	研究主任	・校内研究への参画意識向上を目指し行った、研究テーマ決定手続きの緻密化とそれを通じた共通理解の徹底。
Ol	23年	教務主任	・保護者との信頼関係構築を目指し実施した、オープンスクールの計画及び運営。
Pk	22年	教務主任	・ミドルリーダーを中軸とした各学年運営・学校経営の実施。
Qj	32年	教務主任	・総合的な学習の時間導入期における、平和学習の推進。 ・校内研究（算数科）における課題提示及び実施方法の提案。
Ri	25年	研究主任	・校内研究活性化方策の一つとしての「全教員の授業公開」導入。
Sh	30年	特別支援教育 コーディネーター	・学校行事や授業を活用した、特別支援学級児童の学びの場・表現の場の保証。
Tg	30年	学年主任	・総合的な学習の時間の内容増加に伴い行った授業内容（地域行事）の削減。
Uf	25年	6年担任	・運動会演技で行われる、選手選抜種目（紅白対抗種目）の増加。
Ve	15年	研究主任	・算数研究が盛んな勤務校における、教師の参画を高める校内研究の運営。

第4章注

(1)　修正版の提唱者である木下はこれを、【研究する人間】として表現し、この理念を重視している。

⑵ なお、本書における「研究テーマ」としては、「ミドルリーダーが
学校経営へ参画するプロセス」を設定可能である。

⑶ 本分析では調査協力者の人物名を、ランダムに割り当てたアル
ファベットの組み合わせで表記する。

⑷ 学校評価とは、学校教育法第42条等の規定により、下記目的のも
と行われている。
　①各学校が、自らの教育活動その他の学校運営について、目指す
　　べき目標を設定し、その達成状況や達成に向けた取組の適切さ
　　等について評価することにより、学校として組織的・継続的な
　　改善を図ること。
　②各学校が、自己評価及び保護者など学校関係者等による評価の
　　実施とその結果の公表説明により、適切に説明責任を果たすと
　　ともに、保護者、地域住民等から理解と参画を得て、学校・家
　　庭・地域の連携協力による学校づくりを進めること。
　③各学校の設置者等が、学校評価の結果に応じて、学校に対する
　　支援や条件整備等の改善措置を講じることにより、一定水準の
　　教育の質を保証し、その向上を図ること。
　（文部科学省『学校評価ガイドライン〔平成28年改訂〕』p. 2）
　　なお学校評価の実施形態は、自己評価、学校関係者評価、第三
　者評価の三つに類別できるが、当調査で語られる学校評価は上記
　類別のうちの自己評価にあたるものである。

⑸ 概念名は、すでに確立した専門用語ではなく、データに密着した
ことばが望ましいとされる（木下2003）。

⑹ データ分析の過程において、データとの比較から研究対象を計画
的に選定するデータ収集方法。

⑺ 分析結果について、分析結果を生成した概念とカテゴリーを用い
簡潔に文章化したもの。

⑻ Mn氏からは録音許可が得られなかったため、その場で筆記記録
を作成し、分析に使用している。

第5章　M-GTA を用いた
ミドル・アップダウン・マネジメントプロセスの分析

　本章では前章で確認した M-GTA の分析手順を踏まえ、学校組織におけるミドル・アップダウン・マネジメントプロセスの分析を行う。

第1節　分析結果

第1項　ストーリーラインと分析結果図

　前章表4－2に示した調査協力者に対し、「問1：学校の課題解決を目指した取り組みとして、新たなアイデアを提案した経験があるか」「問2：新たなアイデアを提案した経験がある場合、そのプロセスの具体はどのようなものか」をたずね収集したデータを、M-GTA の分析手順に従い分析した。その結果、15個の概念と4個のサブカテゴリー、6個のカテゴリーを生成するとともに（表5-1）、生成したカテゴリー相互の関係から分析結果をまとめ、その概要をストーリーラインとして簡潔に文章化し、分析結果図（図5-1）を作成した。

　なお、以下の図表中および文中で使用する' 'は分析の最小単位である概念を、〈 〉はサブカテゴリーを、[ ]はカテゴリーを示す。

表5-1　カテゴリー・サブカテゴリー・概念の生成

カテゴリー	サブカテゴリー	概念	概念の定義
[現実との対峙]		‘本音の認知’	「ミドル」という立ち位置ゆえ、理想と現実のギャップに直面し、子どもや教師が抱く課題に気付く
		‘あいまいな立場の自覚’	「ミドル」という立ち位置ゆえ現状の課題に気付く一方で、「ミドル」という立ち位置にあるため、その課題解決へ向けた行動のとり方に悩む
[成長の探求]			子どもや教師、組織、自分自身の更なる成長をめざした目標を行動指針とする
[改善策の可視化]		‘改善策の練り上げ’	課題解決につながる改善策を、自校の現状を踏まえ、これまでに培ってきた自身の経験や周囲の力を活かして発案する
		‘ツールを用いた発信’	自身が発案した改善策を共有するべく、効果的に伝わる身近な手段を用いて発信する
[周囲の「思い」の察知]		‘周囲の負担感への気づき’	課題解決策として練り上げたアイデアを周囲へ示すことによって生じる、周囲が抱く負担感に気付く
		‘異なる価値観との遭遇’	課題解決策としてのアイデア発案を契機とし、周囲が抱く、自身とは異なる価値観と遭遇する
[巻き込み]	〈実現可能性の提示〉	‘率先行動’	自身が提案したアイデアを率先して実施することで、アイデアの実現可能性を示す
		‘ヒントの提供’	自身が発案したアイデアに関して、より効果的な実施方策を提案し、実現可能性を示す
	〈後ろ盾獲得〉	‘肯定的評価の獲得’	周囲の視点からアイデアの内容や取り組みを評価してもらうことで、自身の提案したアイデアの正当性を確保する
		‘トップビジョンへの依拠’	アイデアの拠り所としてトップビジョンを活用し、自身の提案したアイデアの正当性を確保する
		‘子どもの姿の明示’	アイデア実施の成果として子どもの姿を示すことで、自身の提案したアイデアの正当性を確保する
[基盤の構築]	〈経験を活かしたコミュニケーション〉	‘経験を踏まえたサポート’	日常的に接する相手の状況に応じ、自身の経験を踏まえて職務内外におけるサポートを行う
		‘間口を広げる’	積極的に間口を広げることで「ミドル」という垣根をなくし、会話しやすい雰囲気を作る
	〈立場を活かしたコミュニケーション〉	‘子ども情報での会話’	子どもと接する機会が多い「ミドル」という立場を活かし、自身がもつ子どもに関する情報を用いて周囲との会話を行う
		‘立場を使う’	「ミドル」という立場を活用し、周囲とコミュニケーションをとる機会をもつ

―― 第5章 M-GTAを用いたミドル・アップダウン・マネジメントプロセスの分析

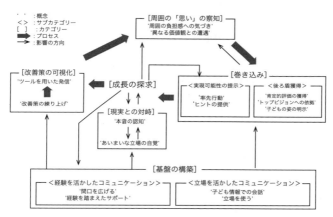

図5-1 ミドル・アップダウン・マネジメントにおける「巻き込み」プロセス

ストーリーライン

　ミドル・アップダウン・マネジメントを通じたアイデア実現を学校組織で果たすためには、周囲の［巻き込み］が重要となるが、このアイデア実現行動は、ミドルリーダーが置かれる「ミドル」という立場ゆえ生じる［現実との対峙］が契機となり始まる。この［現実との対峙］とミドルリーダーの［成長の探求］の往還から学校改善へ向けた取り組みであるアイデアが発案され、アイデアは［改善策の可視化］によって周囲へと提示される。

　ただし、ミドルリーダーによって発案されたアイデアは必ずしも周囲の賛同を得られるとは限らず、ミドルリーダーは［周囲の「思い」の察知］に至ることになる。そして、この過程で知りえた周囲の様々な「思い」へ対処するべく、ミドルリーダーは自身の「ミドル」という立ち位置を活かし、日常的な［基盤の構築］も用いながら、アイデア実現へ向けた周囲の［巻

き込み]を行う。その際ミドルリーダーが抱く［成長の探求］は自身を突き動かす原動力・手段になるとともに、周囲を巻き込む目的として機能する。

　この［巻き込み］によってなされるアイデア実現が、継続的・螺旋上昇的に行われることにより、学校組織におけるミドル・アップダウン・マネジメントが駆動する。

　次項では、上述したストーリーラインと結果図について、各カテゴリーを構成する概念の詳細とともに説明する。

第2項　［現実との対峙］と［成長の探求］：アイデアの発案

　「ミドル・アップダウン・マネジメントにおける「巻き込み」プロセス」は、ミドルリーダーが置かれる「ミドル」という立場ゆえ生じる［現実との対峙］と、ミドルリーダー自身が抱く［成長の探求］の往還を契機として動き始める。

　「トップ」と「ボトム」の中間である「ミドル」という位置にあるミドルリーダーは、管理職をはじめとするトップ層とともに学校経営の中核を担う一方、子どもや保護者と直に接し教育実践を担うボトム層にも近接するという特徴を持つ。

　この「ミドル」という「トップ」、「ボトム」両者に近い立ち位置にあるがゆえ、ミドルリーダーは理想と現実のギャップに対面することになる。例えばそれは以下に記すような、「特別支援学級における日常的な子どもの成長が周囲へ伝わらない」(Sh氏)という歯がゆさや、「校内研究での取り組みが日常化していない」(Ve氏)焦りといった、自身や周囲の‘本音の認知’である。

―― 第5章　M-GTA を用いたミドル・アップダウン・マネジメントプロセスの分析

　Sh 氏：できなくて、できなくて、(組体操の) 肩車ができなくて、
　　　　ある日突然できた日とか。もう、すごく涙が出るほど嬉しい
　　　　んだけど…。運動会の場って、(運動会へ向けて行った) 練習
　　　　っていうのは見せられないじゃないですか。走ってもやっぱ
　　　　り遅かったりとか、でもすごくバトンを渡すのが上手になっ
　　　　たりとか。カーブを曲がりきれないでこけていたのが、こけ
　　　　ずに走れるようになったりとか。差が少しずつだけど縮まっ
　　　　てきたりとか…。確実に成果があるんですね。
　　　　　だけど、その場では、地域の人にはわからないですよね。
　　　　保護者、子どもたちのお父さんとかお母さんはよくわかって
　　　　ますよね。ずっとお知らせとかもしてきてるから。「自分の子
　　　　どもの演技に涙しました」とか言われたけど、全ての人にそ
　　　　れがわからないので。

　Ve 氏：日常化されてないんですよね、やっぱり。毎日の、研究授
　　　　業の。研究したことが日常の授業に生かされてないので。

　　上述のように、ミドルリーダーは「ミドル」という立ち位置
ゆえ可能となる‘本音の認知’によって組織に生じた課題を認
識する。しかし、この課題を解決する行動をとるためには、自
身の「ミドル」という‘あいまいな立場の自覚’が障壁となる。
この点に関して研究主任 Nm 氏は「校内研究を進めるうえでの
自身の立場」の曖昧さについて、また教務主任 Ol 氏は「新たな
取り組みとして進めるオープンスクール」における自身の立場
について以下のように発言している。

　Nm 氏：「ミドル」は基本的に命令できないんですよ。

Ol 氏：後々、人間関係が大きく崩れちゃうと、なかなか上手くいかない部分ってたくさんあるからですね。

　このように、ミドルリーダーは「ミドル」という立ち位置に置かれるがゆえ、'本音の認知'や'あいまいな立場の自覚'といった［現実との対峙］を経験する。
　そしてミドルリーダーによるアイデア実現行動は、上記［現実の対峙］を乗り越えることによって動き出すのであるが、その原動力となるのが、ミドルリーダー自身が抱く［成長の探求］である。これは前述した、特別支援学級の子どもの成長を願うSh 氏や、研究内容の日常化を志す Ve 氏、ミドルリーダーを中軸とした学年経営・学校経営を目指す教務主任 Pk 氏の発言からも読み取れる。

　　Sh 氏：何かやっぱり、N（＝特別支援学級名）の子って、すごい頑張ってるんだなっていうのを、伝えたいなっていう気持ちはずっとあったんですね。

　　Ve 氏：「ボトム」(＝実践層)をなんとかしないといけないじゃなくて、自分としての力量を上げない限り、絶対巻き込めんなって。(中略)こういう意識は絶対必要かなって思いましたね。

　　Pk 氏：勉強する風土とか雰囲気を、組織の中に作っていきたいなっていうの (＝思い) があったから。

　この子どもや教師、学校組織、そして自分自身の［成長の探

―― 第5章　M-GTA を用いたミドル・アップダウン・マネジメントプロセスの分析

求］と、［現実との対峙］の往還を契機とし、組織における課題解決策としてのアイデアは発案され、ミドル・アップダウン・マネジメントを通じた「巻き込み」プロセスが動き始める。

第3項　［改善策の可視化］：アイデアの発信

　［現実との対峙］と［成長の探求］の往還を機に発案されたミドルリーダーのアイデアは、その実現を図るための計画提示を迫られる。そこでミドルリーダーが次にとる行動が［改善策の可視化］である。

　まずミドルリーダーは、「ミドル」に至るまでの自身の経験を活かし、また周囲の教師とのやりとりを通して‘改善策の練り上げ’を行う。例えば研究主任 Lo 氏は、研究指定を受け新たに始まった特別支援教育研究の推進において、また研究主任 Nm 氏は校内研究におけるテーマ決定の過程において徹底的な話し合いを行うことで、‘改善策の練り上げ’を行った。

　Lo 氏：じゃあ、そういう（組織）の（課題）を見たときに、「困った、困った」だけじゃなく、ちょっと違う手立てもみていったら、少し（展望が）開けるんじゃないかなって。「まずはやってみましょうよ」って。大きな手立てとかじゃなくて、「こんなことやってます」って。

　Nm 氏：ただ、その代わり言ったのが、一つにしたいと。みんなの気持ちを一つにしたいから、ここはとことん話し合いたいですという話をしたんですね。

　そしてその改善策は、周囲の教師に馴染み深い、‘ツールを

用いた発信'によって可視化され、周囲へ示される。例えば、学校をあげてのオープンスクールに取り組む Ol 氏は「職員会議」を、特別支援教育コーディネーターの Sh 氏は障害理解を目的とした授業の「学習指導案」を、学校評価の充実に取り組む教務主任 Kp 氏は夏季休業中の「校内研修」を活用した。

　Ol 氏：振り返りの職員会議を、一番最後だったかな。３月ぐらいに、「来年度の学校開放日について提案します」っていうことで。内容は親とのコミュニケーションはより充実させる方向で。でも、形的には、負担を減らすために、日数減らしましたよって言ったら…。

　Sh 氏：次からはこういう風に（特別支援に関する６年生への）授業をしたいっていって、（学習）指導案をまず管理職の先生に見せて、OK をもらって、こういう風にしたいんだけどって、６年生とか打ち合わせをして。

　Kp 氏：それも意識させながら、自分たちでめあてを作ってほしいと思ったんですよ。で、実践したのが、１学期が終わったところからスタートしたんですけど。１学期終わった時に、７月の、１学期終わった次の日に１日かけて（校内）研修をやったんです。

　このように、［現実との対峙］と［成長の探求］の往還を通じて発案されたミドルリーダーのアイデアは、［改善策の可視化］を経ることにより組織全体へと発信される。そしてミドルリーダーはこの発信によって、周囲の「思い」を知ることとなる。

100

第4項　[周囲の「思い」の察知]：抵抗感の存在

　[改善策の可視化]によって提示されたアイデアに対して、周囲からは肯定・否定等、様々な反応が示される。「巻き込み」を果たすミドルリーダーは、次のステップとしてそれら[周囲の「思い」の察知]に至るのであるが、その一つが‘周囲の負担感への気づき’である。

　今までにない新たな実践を行う上では少なからず負担が生じるが、「新奇なことをして問題を生じさせるよりも、去年と同じほうが安全であると考えられやす」く、「例年、前年踏襲や慣行重視の活動が展開されていく」(木岡2006：202)風潮がある学校では、新たな実践にともなう負担への理解が周囲から得られるとは限らない。例えば、夏休みを用いて校内研修を企画したKp氏や、校内研究活性化の方策として「全教員の授業公開」を企画したRi氏は、周囲の教員からの否定的な反応について以下のように語っている。

　　Kp氏：この時は、夏休み1日研修。「えー、なにするんだよ」って、
　　　　　最初は嫌な雰囲気で。

　　Ri氏：乗り気でなかった方も…乗り気っていうか、あんまり前向
　　　　　きじゃなくて。(中略)「えー、授業研、大変ね」って感じだっ
　　　　　た方もいました。

　またミドルリーダーと周囲の価値観の違いから、ミドルリーダーは‘異なる価値観との遭遇’に対面する可能性も否定できない。上記Ri氏は授業研究への周囲の主体的な関わりを期待

するもののその共通理解の困難に直面し、また算数研究が伝統的に盛んな学校で研究主任を務める Ve 氏は、算数研究を不得意とする周囲の教員の意見と対立した。

> Ri 氏：みんなは、「今自分がしようとしている学習ではどうすればいいの」まで待つんですよね。本当は、私は、そこは自分で考えるっていうのが研究だと思うんだけど…。でも現実は、そこまでみんなは、研究を自分の中心に置いてない。

> Ve 氏：「私専門じゃないし、自分はそんなに授業に対して評価とかできない」って思われている先生も、いるんですよ、絶対に。

　このようにミドルリーダーは、自身が発案したアイデアを実行に移す過程で、'周囲の負担感への気づき'や'異なる価値観との遭遇'といった［周囲の「思い」の察知］に至り、その対応が求められる。

第5項　［巻き込み］：アイデアの実現

　アイデアの発信により［周囲の「思い」の察知］に至ったミドルリーダーは、その周囲の「思い」へ対応するべく動き始める。ここでミドルリーダーに求められる行動が、ミドル・アップダウン・マネジメントの鍵となる［巻き込み］である。

　ミドルリーダーは既述のように「ミドル」というあいまいな立場にあるが、その立場は同時に「トップ」、「ボトム」両者に近接するというメリットとしても捉えることができる。ミドルリーダーはアイデア実現へ向け、このメリットを活かした行動

をとるのであるが、その一つは、アイデアを自ら実践して示す‘率先行動’である。例えば、「運動会における選手選抜種目（紅白対抗種目）増加」というアイデアを提案したUf氏はその実現へ向けた手続きを自ら率先して行い、その実現可能性を示した。

　Uf氏：まあ、本当に、自分が言った手前、あと名簿作成っていう
　　　　のが大変なんですよね。人数も合わせなくてはいけないし、
　　　　その全部の調和は私がしますよって。

　また「ボトム」に近接し、第一線での教育実践に関わることが多いという強みを活かし、提案したアイデアをより効果的に実践する‘ヒントの提供’を行うこともできる。研究主任であるRi氏は、研究内容に関するフィードバックによって‘ヒントの提供’を行った。

　Ri氏：ちょっと先が見通せたら動くので、人は。見通せるまで一
　　　　緒に付き合うというか。こっち側が逆に勉強してやっぱり、
　　　　細かく細かく噛み砕いて。やっぱり、「あ、それなら私もでき
　　　　る」って思った時は、もうそれはあと、先生がそれぞれやら
　　　　れていくんですけど。「わからん、この理論どういうこと」っ
　　　　ていうときは動かないですね、人は。

　これら‘率先行動’や‘ヒントの提供’による〈実現可能性の提示〉により、周囲の［巻き込み］を図るのである。
　またアイデア実現を図るミドルリーダーは、「ミドル」という立場を活かす一方で、「ミドル」というあいまいな立場を補う行

動もとる。それがアイデアへの〈後ろ盾獲得〉である。例えば研究主任である Nm 氏は、自身のアイデアの正当性を保証するために、校内研究の指導助言者である市教育委員会の指導主事へ事前に接触し、アイデアへの価値づけを得るという‘肯定的評価の獲得’を行った。

> Nm 氏：その時、指導主事はもう、私が始めから相談しているから、知ってるんですよね、中身もね。で、「あ、この研究はこういう価値がありますよ」って（言ってくれる）。そして、ボトム（＝実践層）は、「あぁ、そうなんだ」って（思う）。だから、私がしている、私が主張していることは変なことじゃないんだっていうのは、価値づけられていた。

また、学校評価の充実を目指す Kp 氏のように、自身のアイデアが校長の考えと共通するという‘トップビジョンへの依拠’に基づくものだと語り、権限の不在を補う行動をとることも可能である。

> Kp 氏：「全員力」みたいな言葉をこの方（＝校長）が使ってて。全員力。「全員でなんでもやっていきたい」っていうのを、言われていたかな。で、それにちょっと（私のアイデアは）繋がっていましたね。

さらに、アイデア実現へ向けた‘率先行動’が可能なミドルリーダーには、自らの実践を通じて周囲へと‘子どもの姿の明示’を図り、権限の不在を補うこともできる。

―― 第5章　M-GTA を用いたミドル・アップダウン・マネジメントプロセスの分析

　Uf氏：色んな子に色んな挑戦させたりとか、自分の個性を伸ばせ
　　　　るような。っていうのは僕が行った学校は、結構それができ
　　　　ている。

　上記のような、'肯定的評価の獲得'や'トップビジョンへ
の依拠'、'子どもの姿の明示'を通じてアイデアへの〈後ろ盾
獲得〉を行うのである。
　ミドルリーダーはこれら〈実現可能性の提示〉や〈後ろ盾獲
得〉によって、ミドル・アップダウン・マネジメントの鍵とな
る周囲の[巻き込み]を成し遂げる。

第6項　[基盤の構築]：二つのコミュニケーション

　ミドルリーダーによるアイデア発案の出発点となる[現実と
の対峙]や[成長の探求]、そしてそのアイデアを発信する[改
善策の可視化]では正確な現状把握が求められる。また、ミド
ル・アップダウン・マネジメントの鍵となる[巻き込み]を果
たすためには、周囲との良好な関係も求められよう。そしてこ
れらは日常的な[基盤の構築]によって成立する。
　[基盤の構築]は、「ミドル」に至るまでの経験と、「ミドル」と
いう立場を活かしたコミュニケーションによって行われる。ま
ず、「ミドル」という経験を活かしたコミュニケーションの一つ
は'間口を広げる'行動である。ミドルリーダーは、「ミドル」
に至るまでに多様な経験をしている。そしてその経験を通じ、
「ミドル」が周囲から話しかけづらい対象として捉えられてい
ることを自覚している。

　Uf氏：僕も若いころ、やっぱり聞けなかったですね。で、先輩の

105

先生は、もっと若い子は聞けばいいのに、聞けばいいのにとか言うけど、「聞けないんだよ！」とか思いながら。何を聞いていいのかわからないし。いつも忙しそうにしてるっていうのもあったので。

　この「ミドル」に至るまでの自身の経験を踏まえミドルリーダーが取る行動が、「気を付けることは「笑顔」」(Mn 氏)といった‘間口を広げる’行動であり、この行動を通じて周囲との距離を縮めるべく努力するのである。
　またミドルリーダーは、「ミドル」に至るまでに自身が経験してきた「家庭と仕事の両立方法」や、「保護者対応方法」等の‘経験を踏まえたサポート’を通して周囲と接点を持つことも可能である。

　Tg 氏：例えばクラスで起こった事なんか。で、「それはね、管理職に相談したほうがいいよ」って、「相談しよっか」ってことはありますね。そういうことはやっぱり見極めて、相談するように。教頭にあげとったほうが、報告しとったほうがいいよっていうことはあります。

　ミドルリーダーは、上述した‘間口を広げる’行動と‘経験を踏まえたサポート’といった「ミドル」に至るまでの〈経験を活かしたコミュニケーション〉を積極的・日常的に行うことで周囲との関係構築を図るのである。
　またミドルリーダーは、「ミドル」という〈立場を活かしたコミュニケーション〉も行う。その一つは、「ボトム」に近接した立場を生かしたコミュニケーションである。「ミドル」に位置す

―― 第5章　M-GTA を用いたミドル・アップダウン・マネジメントプロセスの分析

るゆえ、子どもとの接触機会が比較的多いミドルリーダーは、
自身が所持する '子ども情報での会話' を周囲と行うことが可
能である。

> Mn 氏：昨年同学年だった先生が持ち上がっているので話しやす
> くもある。自分の持っている子どもの情報を伝えることで、
> 保護者に聞くことなしに子どもの情報を得ることができてい
> る。

> Tg 氏：たまたま、今、初任の先生が6年生を担当してるんですけ
> ど。私その学年を3年の時にもったことがあるから。「先生の
> 時どうでした、3年のとき」、「あの子のところはね…」ってそ
> んな立ち話をするぐらいで。

またミドルリーダーは、「トップ」に近接するという '立場を
使う' ことによる意図的なコミュニケーションも図る。例えば
Pk 氏は、教務主任という自身の立場を積極的に活用し、ミド
ルリーダーが集まり、情報共有を行う時間を意図的に設定した
という。

> Pk 氏：改めてミドル（＝校務分掌の主任）だけが集まって話する
> っていう。しょっちゅう定期的にやるっていう形ではないけ
> れども。機会があれば、そういう働きかけを、意図的に、意
> 識的にはやるようにしてましたね。

この〈経験を生かしたコミュニケーション〉と〈立場を生か
したコミュニケーション〉に基づき、ミドルリーダーと周囲と

の［基盤の構築］がなされる。そして、ここで構築された周囲との安定した関係はミドル・アップダウン・マネジメントの鍵となる周囲の［巻き込み］を可能にするとともに、その安定した関係の中から組織の現状を反映した情報収集が行われ、ミドル・アップダウン・マネジメントの契機となる［現実との対峙］が生じるのである。

第7項　［成長の探求］：アイデア実現への原動力・手段・目的

　ここまで示したように、ミドルリーダーは「ミドル」という経験や立場を活かし、日常的な［基盤の構築］を行う一方で、その構築された周囲との関係を糧とした［改善策の可視化］とそれにともなう［周囲の「思い」の察知］、そして周囲の［巻き込み］を図り、ミドル・アップダウン・マネジメントを成し遂げる。

　しかし、上述したアイデア実現の過程でアイデアへの反対や価値観の相違が生じることからもわかるように、ミドル・アップダウン・マネジメントは容易に進行するものではなく、その実施には相当なエネルギーを必要とする。ミドルリーダーにとってそのエネルギー源となるのが、本節第2項で述べた、子どもや教師・組織、そして自分自身の［成長の探求］である。すなわち［成長の探求］はアイデア実現のスタートとなるだけでなく、日常的な［基盤の構築］や、［周囲の「思い」の察知］に対する原動力ともなるのである。

　また、アイデア実現へ向け、ミドルリーダーは周囲の［巻き込み］を図るが、目的のない［巻き込み］は単に負担を強いる行動として受け取られかねず、反感を買う恐れもある。そのため、［巻き込み］にはその正当性が必要になるが、ここでも［成

長の探求]が有効に作用する。

> Lo氏：最終的に子ども達に還元できる、「これならやれるよ」って
> 思っていただけるような形での提案だったりとかはしていっ
> たつもりです。

> Ve氏：子どもを育てるっていう部分では、目標は共有できるなっ
> て思ってるので。

　成果が見えづらい教育現場において、組織や自身、そして子どもの「成長」という言葉は教師を動かす重要な意味を持つ。それゆえミドルリーダーは、自らの［巻き込み］行動を意味づけ正当化するために、［成長の探求］を目的として掲げるのである。
　上述のように、ミドルリーダーは［成長の探求］を自身の行動の原動力とし、また時に周囲を動かす手段として用いながら、アイデア実現を図る。

第2節　考察：M-GTA分析結果を用いた事例の描写

　領域密着理論としての性格を持つM-GTA分析結果は、事象の「説明と予測」を可能とする理論である（木下2003）。この点について、本章のM-GTA分析結果を枠組みとして、第3章および第4章の事例を描写し、確認したい。

第1項 「運動会の運営」事例の描写

第2章で示したD小学校における運動会の運営に関する事例は、校舎増築によって生じた「競技観覧スペース不足」と「休憩スペース不足」という課題に対し、教務主任である出畑教諭が課題解決策を提示した事例であった。

出畑教諭は前任校での経験より、「保護者・地域との連携」の追求が教育活動には重要であると認識していた（［成長の探求］）。この認識のもと出畑教諭は毎年運動会後、保護者に対するアンケートを実施している。そしてここで得た情報から、上記運動会における課題を認知することになる（'本音の認知'）。この課題を解決するべく、出畑教諭は熟考の末、二つのアイデアを発案する。

(1) 「一時観覧席設置」

出畑教諭によるアイデアの一つは、「競技観覧スペース不足」に対する解決策としての「一時観覧席設置」であった。出畑教諭はまず、「一時観覧席設置」案に関する計画を企画委員会で提案する（'改善策の練り上げ "ツールを用いた発信'）。この提案に対し、周囲から反対は受けないものの、実現可能性に対して疑問を呈される（'異なる価値観との遭遇'）。

しかし当該状況は、水田教諭と副校長の登場により打開されることとなる。中学校籍かつ小学校で初めての学年主任を担う水田教諭に対し、出畑教諭は日常的な支援を行っていた（'経験を踏まえたサポート "子ども情報での会話'）。この水田教諭は出畑教諭からの協力打診を了解し、「一時観覧席設置」計画作成を推進する（'肯定的評価の獲得'）。また出畑教諭は、今年度D小学校へ異動してきたばかりである副校長に対しても、教務主任と

しての立場から学校経営に関するサポートを日常的に行っていた（'経験を踏まえたサポート"立場を使う'）。この副校長は、最終的に生じた「児童席と保護者席の境界に関する課題」に対し、「杭とロープ購入の提案」という後押しを行った（'肯定的評価の獲得'）。こうしたプロセスを経て「一時観覧席設置」は実現する。

⑵ 「全校舎開放」

二つ目のアイデアは、「休憩スペース不足」に対する解決策としての「全校舎開放」である。出畑教諭は「一時観覧席設置」同様、「全校舎開放」に関する計画を企画委員会で提案する（'改善策の練り上げ"ツールを用いた発信'）。

この提案に対し、水田教諭と副校長は危機管理面の危惧から反対し、「体育館の開放と昼食時に限った北校舎1階の開放」という対案を示す（'異なる価値観との遭遇'）。これに対し出畑教諭は、計画修正等の行動をとるが（'率先行動"ヒントの提供'）、水田教諭、副校長の了承を得ることはできなかった。

この課題を解決したのは教頭であった。教頭は水田教諭と同じく中学校籍の教員であり、副校長とともに今年度D小学校に異動してきたばかりであったため、教務主任である出畑教諭は教頭に対しても、日常的なサポートを行っていた（'経験を踏まえたサポート"立場を使う'）。教頭は、この出畑教諭の意図をくみ取り、「全校舎開放」に代わる新たな案を提示し、副校長の説得を行う（'肯定的評価の獲得'）。こうしたプロセスを経て、「全校舎開放」は「体育館の開放と昼食時に限った北校舎全階の開放」として実現した。

第2項　校内研修における授業研究の継続

　第3章で示した事例は、授業研究の停滞という課題を抱える
Ｙ小学校において、その後長期にわたり継続することになった
「交流タイム」実践の導入・展開に関する事例である。

(1)　「交流タイム」の発案と実施

　授業研究の停滞と算数学力の低下という課題を抱えていたＹ
小校長の山口校長は、木室教諭へ2007年度の算数提案授業を
一任する。これまで、「子どもの授業理解」を重視した授業実践
に取り組んできた木室教諭は（[成長の探求]）、Ｙ小学校の「自
己肯定感の育成」という研究テーマに照らして従来の算数授業
や自身の授業実践を捉えた時、「子どもたち全員が答えをもつ」
という授業スタイルへ疑問を抱く（'本音の認知'）。ここで木室
教諭が抱いた「わからないということも、子どもの答えでな
いか」という思いを契機に生み出されたのが「交流タイム」で
あった。この交流タイムは、新学期始業式の約1ヶ月後に実施
された提案授業を通じて周囲へと示されることとなる（'改善策
の練り上げ"ツールを用いた発信'）。

　当時、Ｙ小学校教職員の間には、2005年度に行われた全国
大会における発表での疲弊や研究の行き詰まりがあった（'周
囲の負担感への気づき'）。しかし、短期間で質の高い学級経営を
行った木室教諭の実践力と、提案授業で示された生き生きと学
ぶ子どもの姿はＹ小学校教職員の心をとらえた（'率先行動"子
どもの姿の明示"肯定的評価の獲得'）。こうして「交流タイム」は、
その後のＹ小学校における授業研究の中核として位置づくこと
になる。

　「交流タイム」がＹ小学校の授業研究の方策として採用され

—— 第5章　M-GTAを用いたミドル・アップダウン・マネジメントプロセスの分析

た後も、木室教諭は研究主任である松尾教諭と実践を通じた共通理解を図る（'率先行動''ヒントの提供'）。また、同学年の田先教諭、井戸教諭との度重なる授業公開を通じ（'経験を踏まえたサポート''子ども情報での会話'）、「交流タイム」理念の共通理解を図った。

⑵　「交流タイム」の修正

　「交流タイム」研究の２年目には、井戸教諭による新たな発案がなされる。これは井戸教諭による、子どもの思考を「わかる」、「わからない」の二つに区分することの限界への気づきによるものであった（'本音の認知'）。そして「わかるけれど説明できない」子どもの考えを認める改善策を発案する。しかし、井戸教諭はY小学校で最も若手であることもあり、自身の実践を発信することは難しい。そのため、まずは自身のクラスでの実践を通じて課題解決を図った（'あいまいな立場の自覚'）。

　この取り組みが山口校長の目に止まる。井戸教諭は山口校長から研究発表会での授業提案の打診を受け、この発表を契機として井戸教諭の実践が周囲へと発信される（'改善策の練り上げ''ツールを用いた発信'）。その後、井戸教諭が発案・発信したアイデアは、同学年を組むことになった研究主任である松尾教諭と田先教諭とのコミュニケーションを通じて共通理解が図られ（'子ども情報での会話'）、それが周囲へとさらに発信されることにより、Y小学校全体での共通理解が図られる。このような松尾教諭、田先教諭との積極的な実践を通じ、井戸教諭の提案はY小学校の授業研究に取り込まれていった（'率先行動''ヒントの提供'）。

上述のように本章の分析結果は、「運動会の運営」と「校内研修における授業研究の継続」プロセスを説明可能なものといえ、学校組織構成員との相互作用によってなされる詳細なプロセスを読み取ることが可能である。

　特に、第2章および第3章で用いたエスノグラフィとスクールヒストリーでは、ミドル・アップダウン・マネジメントを可能とする「巻き込み」の存在を明らかにすることはできたものの、その「巻き込み」がなぜ可能になったのかという点を説明することはできなかった。これに対し本章で示したM-GTA分析結果からは、「巻き込み」を可能とする情報提示の在り方や、日常的なコミュニケーションの必要性を予測することができる。この点がM-GTAとエスノグラフィ/スクールヒストリーとの差異であり、M-GTAの強みといえる。

補章　M-GTA分析結果の応用

　前章で提示した「ミドル・アップダウン・マネジメントにおける「巻き込み」プロセス」は、近年求められるミドルリーダー育成へ向けた手がかりになる知見と言える。

　しかし、喫緊の課題であるミドルリーダー育成を果たすためには、より具体的な育成方策の検討が求められる。そこで本章では、限られたデータではあるが、筆者が関わったミドルリーダー育成へ向けたM-GTA分析結果の応用例の紹介を通じて、教育実践および学校経営研究に対するM-GTAの活用・貢献可能性を考察したい。

第1節　研究者による応用

　ミドルリーダーの育成は全国的な課題となっており、教育政策においてもその重要性が言及されている。

　2015年12月、中央教育審議会は、「これからの学校教育を担う教員の資質能力の向上について〜学び合い、高め合う教員育成コミュニティの構築に向けて〜（答申）」のなかで、教員の力量形成の機会検討を求めており、この答申を踏まえ、2016年11月には教育公務員特例法の改正がなされた。これを受け各都道府県では、教員に必要な資質や期待される役割などを定めた「校長及び教員としての資質の向上に関する指標」（教育公

務員特例法第22条の3）およびその研修計画（同法22条の4）が作成されることとなる。

　上述した一連の教育政策の中では、ミドルリーダー育成の必要性にも言及されている。具体的には、各都道府県教育センター等で実施されている十年経験者研修[1]を「中堅教諭等資質向上研修」へ改め、学校経営へ参画するミドルリーダーを育成する研修プログラムとすることが検討されている[2]。こうした動きを受け、全国の教育センター等ではミドルリーダー育成へ向けた研修プログラムの開発が進められているが、その検討においては、吉村・中原（2017）も述べるように、従来の研究成果をいかに反映させるか（できるか）という視点からの検討も必要である。

　上記背景のもと、筆者も教育センター等でミドルリーダーを対象とした研修講座を担当する機会があり、その中で、前章で述べたM-GTA分析結果を活用した研修を展開している。次項ではその内容を例示する。

第1項　研修プログラムの概要

　本項で例示する研修は、2016年度の夏季休業期間中、Ａ県教育センターにおいて実施された小学校・中学校・高等学校・特別支援学校のミドルリーダー約30名を対象とした研修である[3]。研修時間は約2時間であり、筆者は当該研修を表補–1のような内容で実施している。

表補–1　研修内容[4]

時間	内容
9:30～10:20（50分）	ミドルリーダーの現状[5]
10:20～11:45（85分）	ミドル・アップダウン・マネジメントの実際
11:45～12:00（15分）	これからのミドル・リーダー

補章　M-GTA 分析結果の応用

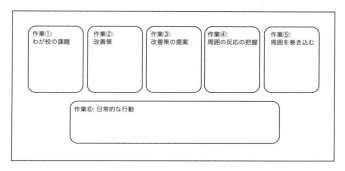

図補-1　「ミドル・アップダウン・マネジメントの実際」ワークシート

そして、表補–1中段に記載した「ミドル・アップダウン・マネジメントの実際」の内容は、5章で提示したM-GTA分析結果を活用した演習形式で実施するものである。演習では、図補–1に示すワークシートを用い、後述する作業①〜⑥の手順に沿って、ミドル・アップダウン・マネジメントにおける周囲の「巻き込み」手段を検討した。以下ではその概要を説明する。

作業①：わが校の課題

作業①では、トップ層（＝経営層）とボトム層（＝実践層）の中間にある「ミドル」としての視点から「わが校の課題」を抽出する。

1章で述べた通り、トップ層が抱く「理想」と、ボトム層が直面する「現実」の間には、しばしば矛盾が生じる。そしてトップ層とボトム層の中間（「ミドル」）に位置するミドルリーダーには、両者の間に生じる矛盾の解決を図るミドル・アップダウン・マネジメントの役割が期待されている。

当該作業はこの点への認識を促すべく設定したものであり、

これは前章の M-GTA 分析結果で提示した、ミドル・アップダウン・マネジメントの始点となる［現実との対峙］と［成長の探求］に該当する。

作業②：改善策

当作業では、作業①で抽出した「わが校の課題」の改善策を検討する。その際、トップ層が抱く「理想」とボトム層が直面する「現実」を踏まえた実現可能・持続可能な改善策を考える。なお、ここでは個人の検討に加えグループ協議（4人一組）を行い、改善策を多角的に検討する。

作業③：改善策の提案

作業②で検討した改善策を実現するためには、改善策を周囲へ提案し、理解や協力を得ることが必須となる。当作業の要点は、この改善策の提案において、トップ層とボトム層の中間（「ミドル」）にあるという自身の立ち位置を活かした効果的な方法を考察する点にある。この考察においては、時間（いつ）・場所（どこで）・方法（どのように）といった多角的側面からの検討を促す。

なお作業②・③は、前章の M-GTA 分析結果における［改善策の可視化］に該当する。

作業④：周囲の反応の把握

学校組織において新たな実践を行ううえでは、周囲から賛同・反対・不安等の何らかの反応が示される。当作業では、作業③で検討した改善策を提案した場合、学校組織内外の「誰が」、「どのような」反応を示すかを具体的に想定する。この作

補章　M-GTA 分析結果の応用

業を通じ、改善策へ抵抗感を抱く者や、改善策を実施するにあたって協力を得るべきキーパーソンは誰かを考える。

　なお当該作業は、前章の M-GTA 分析結果で提示した［周囲の「思い」の察知］に該当する。

作業⑤：周囲を巻き込む

　作業③で検討した改善策を効率的・効果的に実行するためには、周囲からの協力が求められる。そこで当作業では、作業④で想定した人々から協力を得るためにはどのような手段をとりうるかを考える。

　当作業は前章で提示した M-GTA 分析結果における［巻き込み］に該当するが、その検討の際には、M-GTA による分析で抽出した〈実現可能性の提示〉（'率先行動 '' ヒントの提供'）と、〈後ろ盾の獲得〉（'肯定的評価の獲得 '' 根拠の提示 '' 子どもの成長'）を例示し、具体的な行動の考察を促す。

作業⑥：日常的な行動

　作業⑤で考察した周囲の［巻き込み］を実現するためには、日常的な信頼関係の構築が必須となる。そこで、周囲と良好な関係を築くためには日常的にいかなる行動が求められるのかを考察する。その際にも、トップ層とボトム層の中間（「ミドル」）という、組織における自身の立ち位置を意識した行動の考察を促す。

　当該作業は、前章の M-GTA 分析結果で提示した［基盤の構築］に該当する。

　以上の作業①〜⑥を各自で検討した後、グループメンバー

間で説明し合い、ミドル・アップダウン・マネジメントプロセスを再度確認する。

第2項　研修に対する評価

　前項で例示した研修を通じ、研修受講者にはどのような気付きがあったのか。この点について、研修評価アンケート[6]の自由記述から確認したい[7]。

自由記述による研修評価[8]

・経営側の理想と実践層の現実との間に生まれる矛盾を解決し、円滑な組織運営を図るために重要なミドルリーダーの役割を知りました。担任である私は実践層の立場ですが、経営層の立場を推し量りつつ、その理想の実現に向かってできることを確実に考え、実践していこうと思います。
・さっそくミドルリーダーとして、多くの先生とコミュニケーションをとり、職員室を明るくしていこうと思う。そして、キーパーソンとなる先生方としっかり連携を取り、学力向上に向けた取り組みを行っていこうと思う。
・先生方との信頼関係を築くことが組織的な取組を進めていくうえで不可欠なことであると思われるので、そのために意図的に先生方との日常的な人間関係づくりに努めていきたいと感じました。
・ワークシートに記入した内容を整理し、2学期からの実践に生かしていこうと思います。具体的には週案作成をしていきます。また「主幹だより」という形で各リーダーと連携した取組を行っていきたいと思います。
・SWOT分析やミドル・アップダウン・マネジメント研修で、課題をどのように解決していくか、順を追って考え整理できたので、頭がすっきりした。
・グループ協議では、主幹の先生もおられ、分析の視点が広く勉強になりました。
・ミドルリーダーとしての具体的な動き、考え方について、深化することができる内容でした。
・ミドルリーダーが大切ということは今までにも何度も耳にしてきましたが、自分だったら何ができるか、そのために何が必要か、演習を通して考えることができたのでよかったです。

　上述した自由記述には、「コミュニケーション」や「キーパーソン」、「日常的な人間関係づくり」といった［巻き込み］を果たす上でのキーワードや、「主幹だより」作成といった具体的な行動計画などが散見され、M-GTA分析結果の内容が反映されていることが読み取れる。また、ミドルリーダーとしての役割を遂行する上での「見通し」に関する記述が見られるのも特徴的

である。

　既述のように、「ミドルリーダーの重要性」への認知は進むものの、「実際にどう動くか」というプロセスに関してはこれまで明らかにされてこなかった。このような状況の中、本項で例示した研修に対する受講者の反応からは、ミドルリーダーとしての立ち位置や役割の自覚、そしてアイデアを実現するための行動等が考察された様子が垣間見える。

第2節　実践者による応用

　ここまで述べた内容は、教育実践とは距離をおく研究者（筆者）による理論（グラウンデッド・セオリー）の応用であった。本節では、筆者が生成した理論が実践者（教員）へどのように受け止められ、もしくは受け止められる可能性を持つのかを検討したい。

　筆者は2014〜2015年度の2年間、福岡県教育センター教育経営班が実施する調査研究へ参画する機会を得た[9]。福岡県は現在、教員年齢構成の変化期にあり（図補-2）、ミドルリーダーには若手育成および次世代スクールリーダーとしての役割が従来以上に期待されている。こうした状況を受け、当該調査研究では、福岡県の喫緊の課題であるミドルリーダー育成へ資する視点を抽出するべく、2年間にわたるアクション・リサーチが行われた。

　筆者は当該調査研究の初年度（2014年度）に、M-GTA分析結果「ミドル・アップダウン・マネジメントにおける「巻き込み」プロセス」を用いてミドルリーダーに求められる行動を説明し

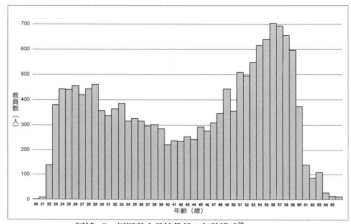

図補-2　福岡県小学校教員の年齢構成[10]

た。その後、この分析結果は福岡県教育センターが行う調査研究の枠組みの一端として採用されることになる。この点について当該調査研究を主導した指導主事2名（いずれも小学校籍）へ聞き取りを行った[11]。

　指導主事Ａ：自分も学校で教務（主任）とかしてるときですね、こういうこと[12]が大事だなって思ってたんですね。でもそれは、感覚的なものだと思ってたんです。このプロセス（＝M-GTA分析結果）を見て、感覚に基づいた具体的な行動様式があることがわかった。こういうことを知っているのと知らないのとでは、学校への、組織への働きかけ、組織の中での動きも変わってくるなって思いました。だから、こういったプロセスで、具体的な行動様式のようなものを示していただいたというのは、私たちの研究にとっては大きな示唆として受け取っていました。

補章　M-GTA 分析結果の応用

　　指導主事Ｂ：私たちの調査研究は、この結果（＝ M-GTA 分析結
　　　　果）を具体的に書いていると僕は思っているんです。この中
　　　　（＝ M-GTA 分析結果）を具体化していると思っているんです。

　こうした経緯を経て生成された当該調査研究の成果は、ミ
ドルリーダーに期待される「20の行動様式」としてまとめら
れ、福岡県教育センター編『学校変革の決め手 学校のチーム
化を目指すミドルリーダー20の行動様式』において公表され
ている。表補–2はその結果を転載したものである。
　当該調査結果では、ミドル・アップダウン・マネジメント
を主導するミドルリーダーには、「リーダー的な機能」、「マネ
ジャー的な機能」、「メンター的な機能」が求められ、さらに上
記機能を構成する要素を20の行動様式として整理するととも
に、それらをミドルリーダー育成へ向けたチェックリストとし
て構成している。
　このように当該調査研究は、筆者がM-GTAを用いて行った
分析（ミドル・アップダウン・マネジメントプロセス）とは異なる性
格を持ち、分析結果にも差異がある[13]。しかし、この福岡県教
育センターの研究からは、M-GTA分析結果が現場に引き取ら
れ、ミドルリーダー育成を志向して応用された様子を確認でき
る。

第3節　考察

　ここまで、限られたデータではあるが、研究者と実践者によ

123

表補 –2 ミドルリーダーに求められる20の行動様式チェックリスト

(福岡県教育センター編2016：27)

機能		番号	行動様式	設問内容	4	3	2	1
リーダー的な機能	方向付け	01	重点目標や経営の重点を具体化する	校長が示した重点目標や経営の重点（以下、経営ビジョン）の内容を解釈して、具体的な数値や行動レベルで共有化している。				
		02	シナリオを描く	自分の仕事に関して、経営ビジョンと教職員をつなぐために、「何を」「どんな方法で」「どの程度まで」するのかを具体化して示している。				
	事前探求	03	現状を把握する	課題をよりよく解決するために、児童生徒と教職員の様子（経営ビジョンで目指す児童生徒の姿、教師像と現在の姿の差）を把握している。				
		04	必要な情報を集める	現状の把握に基づいて目標や重点を具体化したり、シナリオを描く際に必要な情報を入手するために、日常的にアンテナを張っている。				
		05	課題を整理する	どの課題から取り組むことが効果的なのかを判断して、その課題の解決につながる具体的な方策（共通実践の内容）まで考えている。				
マネジャー的な機能	課題提示	06	チーム化の状態を分析する	共通の目的を意識しているか、相互作用が働き、創造性のある協働的な取組ができているかという視点から集団の状態を捉えている。				
		07	チーム内の役割を考える	個々の教職員の性格や能力等に着目して必要な役目の割り当てを考え、組織としての協働性や仕事の効率を高めている。				
	役割遂行	08	評価指標の設定を促す	実践が目標に向かっているのかを適宜振り返ることができるように、どのように頑張り、どこまで高めるのかという指標を設定させている。				
		09	機会を捉えて指導・助言を行う	教職員の経営ビジョンの実現を目指した教育活動の進捗状況を把握し、適切なタイミングを逃さずに、前向きな示唆や必要な情報を提供している。				
	改善要求	10	取組の見直しを図る	年度当初や学期の始めに確認した取組の状況を途中で評価して、必要に応じて取組の内容や方法に改善を加えている。				
		11	挑戦的な目標を設定する	「このままでよいのか」という危機感を刺激して、教職員の能力をフルに引き出せるような「より努力を要する難度の高い目標」を設定している。				
	協働促進	12	連携を俯瞰する	各組織（ミドルリーダー）の仕事内容及び相互の関連を把握し、どんな連携ができるのかを考えて、組織の全体像を明らかにしている。				
		13	仕事を調整する	活動が停滞しないように、各組織（教職員）が担当している仕事の内容や量、進捗状況を確認し合い、具体的な連携の工夫を考えている。				
メンター的な機能	個別配慮	14	チームの担い手を育てる	必要な役割や機会を与えて、教職員の職務遂行能力、プロジェクト遂行能力、対人関係能力、使命感や責任感等を高めることを常に考えている。				
		15	負担感に気付く	表に出る多忙感や疲労感だけでなく、内面に抱えている不安や心配、焦り等に気付く努力をするとともに、積極的に支援することを心掛けている。				
		16	折り合いを付ける	ミドルリーダーと教職員がもっている目標や内容のすりあわせを行い、全員のモチベーションが損なわれないような合意点の調整に努めている。				
	信頼蓄積	17	仕事ぶりを的確に評価する	教職員の仕事ぶりを、「共通的な目的に向かう」「相互作用を活性化する」「新たな取組を創造する」という視点から価値づけている。				
		18	あえて巻き込まれる	教職員に仕事を任せたら、進捗状況を見守り、行き詰っているときには、さりげなくかかわって必要な支援をしている。				
		19	責任を共有する	担当者が責任をもって仕事を遂行、完了することができるように支援して、主体的な、創造的な取組を促している。				
		20	指し手感覚を醸成する	「やらされ感」からではなく、自分の意志に基づいて仕事をしているという感覚を持たせるようなコミュニケーションの工夫を心掛けている。				

る M-GTA 分析結果の応用例を提示した。その中で言及した研修評価アンケートにおける受講者の自由記述や福岡県教育センター指導主事へのインタビュー調査結果等からは、M-GTA 分析結果が、実践者が学校現場を見とる際の手がかりとして活用された様子を確認できる。

これまで学校経営研究は様々な角度からなされ蓄積が積まれてきたが、一方で、研究者が生成する理論（研究知）と実践（実践知）の乖離もかねてから指摘されてきた。そしてこうした状況が、現場における理論への不信感や、研究者による実践への無力感を生じさせているとも言及されている（朴1986）。このような状況の中、本章で示した M-GTA 分析結果の応用例からは、M-GTA が研究者と実践者をつなぎ、また、理論・実践双方への貢献可能性を持つ研究方法論であることが窺える。

なお、M-GTA で生成した理論は、データ分析時点では「分析に用いたデータに関する限り」(木下2003：26) 有効な理論であり、その理論は「データが収集された現場と同じような社会的な場に戻されて（中略）、応用者が必要な修正を行う」(同：29) ことで検証される。その意味で、本章で示した作業は、「応用による検証」の第一歩となるものであり、今後も同様の作業を繰り返し M-GTA 分析結果を吟味することによって、さらなる分析結果の緻密化や活用を図ることが可能になると考える。そして今後は合わせて、その際必然的に求められる実践・研究のコラボレーションの在り方も含め検討していく必要がある。この点については、終章において改めて言及したい。

補章注

(1) 十年経験者研修は、公立学校での在職期間が10年に達した者を対象に実施される研修であり、教科指導や生徒指導等の指導力向上や得意分野づくりを促すことをねらいとして、2003年度より行われていた。

(2) これには、かねてから指摘されていた、十年経験者研修と教員免許更新講習との重複を改善するという目的もあることが、中教審答申「これからの学校教育を担う教員の資質能力の向上について～学び合い、高め合う教員育成コミュニティの構築に向けて～」において述べられている。

(3) 当該研修は、「学校及び地域の中核となって活躍できる専門的な力量、または指導力を持つ人材育成」を企図し開講されており、筆者は当該研修を2015年度から担当している。

(4) 当該研修は午前、午後で担当者が別れており、筆者は午前を担当した。

(5) この内容については、畑中（2015b）をもとに構成した。

(6) この研修評価アンケートはＡ県教育センターが実施するものであり、アンケート内容は下記三つで構成されている。
①研修への満足度評価（4件法）
②自校、地域での具体的な活用方法（自由記述）
③今回の研修における気づき（自由記述）

(7) 当該研修は筆者が担当した午前に続き、午後には実践発表等が行われている。そのため研修評価アンケート結果は、必ずしも筆者実施の研修のみに対する評価とは言えない点には留意が必要である。

(8) 筆者が担当した研修と関連のある自由記述を抜粋。

補章　M-GTA分析結果の応用

(9)　この調査研究は、福岡県教育センターに所属する指導主事が、県内の小学校・中学校・高等学校・特別支援学校をフィールドとして行うものである。

(10)　文部科学省「平成28年度 学校教員統計調査（中間報告）」をもとに作成。

(11)　聞き取りは、2015年4月6日に福岡県教育センターにて約1時間行った。

(12)　前章で示した、M-GTA分析結果の一連のプロセスを指す。

(13)　福岡県教育センターによる分析では、筆者の分析で示したミドルリーダーがおかれる立場（'あいまいな立場の自覚'）については言及されていないが、その他の項目はほぼカバーされている。一方で、「チーム化の状態を俯瞰する」、「チーム内の役割を考える」、「連携を俯瞰する」といった、筆者の分析には見られない学校組織状況の見とりや、「チームの担い手を育てる」といった若手育成の視点が追加されていることも興味深い。なお、近年のミドルリーダー研究では上記のような視点を踏まえ、ミドルリーダーによってなされるメンタリングへ注目した研究蓄積もなされつつある（小柳2015、脇本・町支2015 など）

終章

第1節　本書の成果

　本書の研究対象であるミドルリーダーは、近年の学校経営において期待が高まる対象である。しかし、先行研究はミドルリーダーの「あるべき姿」(当為論)を展開したものやミドルリーダーに関する事例報告、そして、予め設定した枠組を用いて対象事例を分析しその因果関係を探る研究が多く、ミドルリーダーが学校経営へ参画する「プロセス」は看過される傾向にあった。こうした現状では、「ミドルリーダー育成」という学校教育の喫緊の課題へ対応することは難しい。そこで本書では、「ミドルリーダーが学校経営へ参画するプロセス」を研究テーマとして設定し、ミドル・アップダウン・マネジメントを視座に分析した。

　第2章および第3章では二つの事例の検討を通し、ミドル・アップダウン・マネジメントの実現要因である「巻き込み」の存在を示した。そして第4章および第5章では、この「巻き込み」がいかにして成し遂げられるかというプロセスをM-GTAを用い分析した。その結果、ミドルリーダーは、自身が置かれる「ミドル」というあいまいな立場を活用することで周囲を巻き込み、アイデア創造・実現を果たすという、積極的・主体的な行動で達成されるミドル・アップダウン・マネジメントプロセスが明らかになった。この分析結果は、「成長」の理念を根底

に据えたミドルリーダーと周囲の相互作用で果たされる、学校組織におけるミドル・アップダウン・マネジメントの特徴を示すものといえる。このように、ミドルリーダーがミドル・アップダウン・マネジメントを通じて学校経営へ参画するプロセスを示した本書は、ミドルリーダー研究の発展へ貢献するものと言える。

また補章では、上記理論の応用可能性について、研究者（筆者）と実践者（教員）の視点から考究した。その結果、M-GTA分析結果の応用可能性が示されたとともに、M-GTA分析結果は、研究（者）と実践（者）をつなぐ可能性を持つ研究方法論であることが窺えた。これは、ややもすると理論（研究知）と実践（実践知）の乖離が叫ばれかねない学校経営研究および教育実践に対しての貢献可能性を示すものといえる。

第2節　今後の研究課題

最後に、今後取り組むべき研究課題を述べ、本書を閉じたい。

まずはM-GTAに関する研究課題について3点述べる。

研究課題の1点目は、ミドルリーダー研究における「分析焦点者」に関する課題である。本書では、ミドルリーダーの実態を捉えるべく、当事者であるミドルリーダーの視点から学校経営事象を描き出した。しかし、ミドルリーダーの実態へさらに迫るためには、ミドルリーダーの相互行為相手であるトップ層やボトム層の視点からミドルリーダーを捉える必要もある。この点について、筆者もすでに調査研究を進めているが（畑中

2016b、福田・畑中2017)、今後ミドルリーダーの育成についての検討を進めるためには、上記事象・対象の分析をM-GTAによって行い、その説明と予測が可能な理論（グラウンデッド・セオリー）を生成する必要がある。

2点目は、M-GTAを用いた分析事象の拡大である。本書ではミドルリーダーによる学校経営参画の視点から、学校経営プロセスを捉える研究方法論としてのM-GTAの可能性を検討した。しかし当然ではあるが、本書は分析視座として設定したミドル・アップダウン・マネジメントプロセスの提示に留まるものであり、その他学校経営プロセスを提示するものではない。文部科学省や教育委員会が拡大を企図する学校運営協議会（コミュニティ・スクール）の設置や、議論が進む「チームとしての学校」の構築など、近年進められる学校経営改革は多岐にわたっている。これら事象の導入・実施プロセスをM-GTAを用い分析することができれば、学校経営研究におけるM-GTAの有効性をさらに立証することへつながるであろう。ただしその際には、前述した「分析焦点者」の設定についての吟味が必要となる。

3点目は、補章末でも言及した、理論修正へ向けた研究・実践のコラボレーションの在り方に関する課題である。本書では、M-GTAを用い生成した理論（グラウンデッド・セオリー）が現場で応用される一場面として、「研究者が実施する研修」と「実践者による調査研究」を取り上げた。しかし、理論が検証される「現場」とはどこをさすのか、そして「現場」における理論の応用・修正はいかにして可能なのかについては、より深い議論が求められよう。例えば本研究の場合、研究成果が真の意味で活用される様子を捉えるためには、教育実践が日々営まれ

る学校現場での理論の応用・修正の様子を考察しなければならない。しかし、この応用・修正というプロセスの中に「研究者としての筆者」はいかにして関与することができるのであろうか。これはすなわち、学校経営という事象に携わる研究者が、いかにして実践へ関わることができるのかという、「研究者のスタンス」を問う課題でもある。

　そして最後に4点目の研究課題として、今後求められるミドルリーダー研究の方向性について述べたい。その研究課題とは、本書で示した分析結果の更なる応用、すなわちミドルリーダー育成に関する課題である。

　近年の学校教育界には「ミドルリーダーが変われば学校が変わる」という言説が存在し、ミドルリーダー育成は多くの自治体における重要課題となっている。おそらくこの言説は正しく、変化の激しい現代において学校改善を果たすためには、ミドルリーダーがより重要な役割を担うことが期待されよう。しかし、その重責を担うミドルリーダーが置かれる現状にも目を向けなければならない。

　本書で示したM-GTA分析結果から捉えるに、学校改善を果たすミドルリーダーは、自身の内に秘めた［成長の探求］に突き動かされ行動を起こしている様子が窺える。すなわち、近年の学校教育界に存在する「ミドルリーダーが変われば学校が変わる」という言説は、「ミドルリーダーの自助努力」や「熱意」に支えられている傾向が多分にあり、これはともすれば、ミドルリーダーが置かれる現状を無視した議論へと展開する恐れを孕んでいる。そして皮肉なことに、本書もその後押しをするものとなりかねない。

　ミドルリーダーは学校組織における「ミドル」という役割だ

けでなく、家庭生活等においても多様な役割を担っており、ミドルリーダーが置かれる「人生のミドル期」は様々な移行期でもある（熊谷 2012）。また、現代の教員年齢構成からは、ミドルリーダーの量的不足の状況を読み取ることもでき（畑中 2017）、学校組織の「ミドル」としてもすでに多大な負担がかかっていることが予測できる。こうした現実を捉えずにミドルリーダーへの期待ばかりを高めることは、ミドルリーダーを追い詰め、苦しめることにもつながりかねない。

　すなわち、今後は本書で提示した M-GTA 分析結果等を活用し学校組織におけるミドルリーダー育成に取組むとともに、合わせて、「いかにしてミドルリーダーをサポートするか」という視点からミドルリーダーを捉えた研究も必要になるであろう。これも学校経営という事象に携わる研究者としての私たちに課せられた重要な研究課題である。

資料

分析ワークシート

概念名	本音の認知
定義	「ミドル」という立ち位置ゆえ、理想と現実のギャップに直面し、子どもや教師が抱く課題に気付く
具体例 (抜粋)	Lo 氏：こういう小さな「困り感」が日々の授業の中であるんじゃないかって。それぞれ大きかったり小さかったりするけど、それぞれ担任が毎日授業で接して、毎日授業をする中で、ちょっとしたことに困っている。 Mn 氏：1 年生の親は参観後、子どもと一緒に帰りたい。そのため懇談会に残る親が少ない。(中略) 今の親は子育てについてよくわかっていない。 Nm 氏：広がりはあるんですけど深まりがないというのに気付いて、 Ol 氏：親からは好評である。だけど現場の現実はこういうところがあるで、その、親からのデータとか、先生達からの振り返りとかをちょっと整理してから Pk 氏：自分が教務をするときも、それまでの前、5 年間ぐらい、病休の先生がずーっと毎年出てたんですよ。 Qj 氏：その時はですね、平和うんぬんって言う前に、その前があるんですよ。Z の場合、何にするにしても、平和するにしても人権にしても、なんにしても。する時間ないんですよ。時間割的に Ri 氏：そこで何を抵抗示してるのかなって見た時に、やっぱり指導案を書いたり、する部分っていうのがすごくわずらわしい。 Sh 氏：できなくて、できなくて、肩車ができなくて、ある日突然できた日とか。もう、すごく涙が出るほど嬉しいんだけど…。運動会の場って、練習っていうのは見せられないじゃないですか。走ってもやっぱり遅かったりとか、でもすごくバトンを渡すのが上手になったりとか。カーブを曲がりきれないでこけていたのが、こけずに走れるようになったりとか。差が少しずつだけど縮まってきたりとか…。確実に成果があるんですね。だけど、その場では、地域の人にはわからないですよね。保護者、子どもたちのお父さんとかお母さんはよくわかってますよね。ずっとお知らせとかもしてきてるから。「自分の子どもの演技に涙しました」とか言われたけど、全ての人にそれがわからないので。 Tg 氏：私が 2 年前 5 年生を持ったときね。総合の中身が、5 年生がとても大変で。 Uf 氏：で、それが子どもに対して、それはちょっと間違ってるよっていうところがあるので Ve 氏：日常化されてないんですよね、やっぱり。毎日の、研究授業の。研究したことが日常の授業に生かされてないので。
理論的 メモ	・アイデアは即時的に生まれるものではない。日々の生活の中で目に飛び込む光景や他教員との何気ない会話、子どもとの会話の中によってムクムクと「何か変えなければならない」という思いが沸き上がる。これが契機となってアイデア実現への行動が動き出す ・単発的な経験（刺激）ではなく、積み重ねが現状把握を生み出す。これにはそれまでの「ミドル」の経験も影響する？→ [基盤の構築] との関係 ・意図的・戦略的に現状を理解することはないのか？ ・本概念の骨子である「現状を把握する」の「現状」とは何かを分析テーマに照らして考える必要ある→勤務校の「課題」 ・アイデアが生まれる契機となった現状。それゆえ、アイデアの「目的」と関連した内容となるはず→ [成長の探求] との関係 ・相互作用相手はどの範囲か？→自校の教師、子ども、保護者、地域住民 ・「自校」だけに限るか？→平和学習のカリキュラム (Qj 教諭) は学校を超えた実践。 ・相互作用相手は「自校に関わる」人物が多い。つまり、自校の現状把握という意識が強い。「ミドル」らしい現状把握とは？→きれいごとでない日常、本音の理解。→'あいまいな立場の自覚'[基盤の構築] との関係

135

概念名	あいまいな立場の自覚
定義	「ミドル」という立ち位置ゆえ現状の課題に気付く一方で、「ミドル」という立ち位置にあるため、その課題解決へ向けた行動のとり方に悩む
具体例 (抜粋)	Lo氏：実際に授業をしていく立場の、子どもの、最前線の先生たちになかなかこう、なぜそれが必要なのかとか言うことを理解していただくことが、非常に難しかったです。 Nm氏：「ミドル」は基本的に命令できないんですよ。 Ol氏：後々、人間関係が大きく崩れちゃうと、なかなか上手くいかない部分ってたくさんあるからですね。 Pk氏：それこそ校長、僕みたいな一教務が言っても、あれだし。だから校長から、そこはストンと言ってもらいながらとか。 Qj氏：逆な人がね、まとまれば、また困る。その時はその時で頑張る。 Ri氏：で、そのときに一番動きづらいのは、若手よりも中堅の先生たちに理解してもらうことが難しいけど Sh氏：6年生の先生には指導案を見せて、こんな形でしていいですかみたいな形で Tg氏：むこう、地域の人の気持ちもわかるんですよ。子どもにずっと伝承していかないと、消えていくでしょう。だから、させないっていうのもあって、総合が始まった時に結局お願いしてずっと入れてたんですよ。 Uf氏：言いにくいのは、親との関わりを、自分の思いはこうだよって。こういう風に作っていったらいいよっていうのはあるけど、これは子どもと、直接は、あるんだけど、直接今すぐっていう関係はないので、そこはちょっと言いにくいなっていうところはありますよね。こんな風にして親との関係作ったらどうっていうのは遠まわしに言ってみたりとか、ちょっと考えてみたりとか。ああいう返事はしないほうがいいよとか、例えば電話でしてて、あの言い方はいかんよとかいうことは時々あるけど、やっぱその部分は言いにくい部分かもしれませんね。 Ve氏：自分自身の課題として、そこまで専門性を持ててなかった、自分に自信がなかったっていう、ミドルの問題もあったと思うんですけど
理論的 メモ	・アイデア実現を阻害する制約としての「ミドル」という立ち位置。アイデア実現へ向けた発信を行う。しかし、すんなりと発信できるのか。アイデアを出す段階でも難しさ、行き詰まりを感じることがある。「ミドル」ゆえ生じる葛藤が起こるのではないか？ ・「ミドル」という立場を使うことで周囲との関係構築を行うが、一方では「ミドル」というあいまいな立場がアイデアの実施の障害ともなり得る。→'本音の認知'との関係 ・Ve教論：構築できていない「基盤」とは？→アイデアを実施に移すという決意？自身の経験量、権威のなさが理由か？ ・「ミドル」という経験ゆえアイデアが見出されるが、一方で「ミドル」でしかないという自身の経験量が不安へとつながっている ・「立場」のあいまいさ以外はないのか？時間的切迫、資金の欠乏など。→現時点でのデータには見られない。ツールを用いた発信の段階で考慮されている？ ・発信後も行き詰まりを感じることがある？本当にこれでいいのかという不安。→プロセスが動き出した後は見当たらない。[巻き込み]で対処している？ ・あいまいな立場を攻略するための対処法は？→代替となる権威を借りる→管理職からの後押し（Ve教論） ・ミドルという立ち位置はいつ障害になる？アイデア発信前？アイデア実施において？プロセスのどこに位置づくのか ・「自分はこう思う、こうしたいけど出来ない」という葛藤を表す概念では？「葛藤」が前面にでるのではないか？もがく、解決しようとする必死さがあるのではないか？ ・「あいまいな立場」、その理由はミドルとして裏付けを得ることが難しいから。判断の困難性。

概念名	成長の探求
定義	子どもや教師、組織、自分自身の更なる成長をめざした目標を行動指針とする
具体例 （抜粋）	Kp氏：やっぱ、参画意識を育てたいと思ったので、 Lo氏：最終的に子ども達に還元できる、「これならやれるよ」って思って頂けるような形での提案だったりとかはしていったつもりです。 Mn氏：時代が変わっても変わらない子育ての真理を伝えるチャンスは学級通信よりも何よりも懇談会で直接話すこと。 Nm氏：本当にそれは子どもの言葉として出てこないんですね。「子どもはこうだからこうしたいんだ」とかいうのが出てこないんですよ。 Ol氏：そうしないと学校、公立学校は、なんていうか、ダメですよ。もう、ぬるま湯につかって。って、自分は思って、おもしろく、おもしろくないっていったら語弊があるけど。あんまり魅力が、何を一生懸命やっても少し手を抜いて。ベテランになったら当然、手はなんぼでも抜ける。でも給料はきちっと確保されてる。なんかその矛盾の中で、学校の形がどんどん、社会が変わってるから、変わってきてるはずだけど。 Pk氏：勉強する風土とか雰囲気を、組織の中に作っていきたいなっていうのがあったから。 Qj氏：平和教育と総合、どう取り組むか。実践的な活動。実践活動にこだわりましたね。ただの調べじゃなくてね。 Ri氏：誰も良い授業をしたいっていう思いはあると思うんですよ。特に、中堅層は子どもとの世代のギャップというか。今までの貯金が使えなくなるような、やっぱ新しいことが必要なので、中堅のあまりやる気のない先生たちも、やっぱりよくなりたいっていうのはあると思うんですよ、子どもたちと一緒で。 Sh氏：何かやっぱり、Nの子って、すごい頑張ってるんだなっていうのを、伝えたいなっていう気持ちはずっとあったんですね。 Tg氏：やっぱりね、子どもの姿を見たらすごいなぁって思うし、絶対にマイナスではないなって思うんだけど。やっぱり、今の中で、それに割ける、時間的な余裕がなくなってしまった。で、毎年変わる担任が、担任が教えろって言われても、それも不可能といえば不可能。浮流をやめるかどうかっていうのは悩んだとね。農業センターの体験さえやめればなんとかなるなって思ったけど、農業センターもやめられない、平和もやめられないってなったら、どうしようもなかったんですね。 Uf氏：子どもの意識をこう付けましょう。子どもが自主的にやるっていう意識をもってやるために Ve氏：「ボトム」をなんとかしないといけないじゃなくて、自分としての力量を上げない限り、絶対巻き込めんなって。下も経験してたからですね。みんなこう、下も経験してどんどん上に上がって行くんですけど、この立場になったからこうしようじゃなくて、こういう意識は絶対必要かなって思いましたね。 子どもを育てるっていう部分では、目標は共有できるなって思ってるので。
理論的 メモ	・アイデア実現の成果として、「子どもの姿」を示すことと似ているが違う。子どもの姿を示すことは具体的な手段。 ・[巻き込み]の一つか？ ・Tg氏の相互作用対象は子ども（5年生）だけでなく学年教員も含む。その場合、「子どもの成長」を自分たちの負担軽減のための方便として使っているにすぎないのでは？地域行事の廃止は翌年であり、自分たちは楽になるわけではない。 ・子どもの成長だけか。自身の成長、教師集団の成長はない？結果としては子どもに現れるのかもしれないが、教師の成長、組織の成長の探求も含まれる ・成長の探求があるからこそ、他教師とのコミュニケーションをとる。プロセスの一つとして表せるのではないか。 ・何のためにアイデア実現行動をおこなうのか、という目的に関する概念。原動力でもある。 　→アイデア実現に関する全行動と関わる→[成長の探求]カテゴリー化

概念名	改善策の練り上げ
定義	課題解決につながる改善策を、自校の現状を踏まえ、これまでに培ってきた自身の経験や周囲の力を活かして発案する
具体例 (抜粋)	Kp氏：「じゃあもう、自分たちで何かをして、決めていけたらいいですね」って、もうこれを用意してたんですよ。9月、10月、11月、12月で何をしていくか。 Lo氏：じゃあ、そういうのを見たときに、「困った困った」だけじゃなく、ちょっと違う手立てもみていったら、少し開けるんじゃないかなって。「まずはやってみましょうよ」って。大きな手立てとかじゃなくて、「こんなことやってます」って。 Mn氏：そのため、授業参観後の懇談会の時間、教務主任や少人数加配の先生みたいな手の空いてる先生に、残る親の子どもを預かってもらうようにした。 Nm氏：ただ、その代わり言ったのが、一つにしたい。みんなの気持ちを一つにしたいから、ここはとことん話し合いたいですという話をしたんですね。 Ol氏：親からは好評である。だけど現場の現実はこういうところがあるので、その、親からのデータとか、先生達からの振り返りとかをちょっと整理してから、もって行きながら、「先生、こんなの出てますけど」っていったら、「うーん、減らすかね、どう思う」って言うから。「いや、ここはひいても別にかまわんと思う」って。 Pk氏：結局ミドルを学年1人ずつぐらい振り分けて、それは校長先生にもお願いしたんですよ。学級編成上、3クラス、一学年3クラスだから。(中略)ミドルが核になるようにっていうことで。 Qj氏：先生たち、私もこうしたいとか、いきなり提案して、「ぱん」っていくものじゃないですよ。何べんも何べんも話をしたり Ri氏：指導案についてはなるべく、形式を簡潔に、簡単にしました。だらだらだらだら書かないような。これは参観者にとっても、いきなりその場でもらうので、ぱっと見てその場でわかるような Sh氏：で、それは一人でするんじゃなくて、例えば、人権部っていうのが各学年から出てきたり、管理職とか養護教諭の先生が集まって人権部っていうのがあるので、かならずそこで提案するし、校内支援委員会っていうのは、管理職の先生も一緒に、各学年も集まっているので、そこで必ず、提案をして、そこでOKをもらったら、全体で提案して、そして実施してもらうみたいな感じですね。 Tg氏：それで、これはこのままにしてたら、5年生は大変なことになるということで、基本的に浮流をなんとかやめるしかないんじゃないか。 Uf氏：そしたら増やせばいいんじゃないかということで、ある一部の子だけが出るんじゃなくて、みんなが何かの種目を、選手として出ればいいんじゃないかっていうことで、よく紅白リレーだけなんだけど、綱引き入れて、もう一つ入れて、全部で3種類の選手制にする。(中略)ただ、種目を増やすと時間的に厳しいので、そこのところを減らす方向、いらない部分を減らしましょうかと。(中略)増やす努力と減らす努力を考えていきましょうっていうことで Ve氏：学年チームで、こう、一本の授業に対して、所属している学年で、提案してもらったり、授業する人は一人ですけど、あえて、その、学年集団で提案をしてもらって、質問に対しても学年で答えたり。なんていうんですか、その、一人の責任、当事者意識にさせるために、一人にすると、結構、力量とか経験でぐっと差があるじゃないですか。でも、チームにすると、小グループにするとより言いやすいとか。責任が分担されるので、っていう。
理論的 メモ	・「こうすればいいのではないか」という漠然とした思いから、課題改善策が見出される。課題があるからミドルによる実践が行われる。 ・周囲との課題の共通認識があるから実践を行うのか。それともミドルによる実践は周囲の潜在的な課題認識を掘り起こすのか。→両方の意味を持つのだろうか。 ・なぜ（どのようにして）ミドルは課題への認識を抱くのか。課題認識の前提となるものはなにか。→[現実との対峙]との関係 ・課題認識がアイデア実施へと繋がる。課題認識以外にアイデア実施へと繋がるプロセスはないのか？→組織的な[巻き込み]によるプロセスはデータからは確認できない。 ・アイデアは画期的なもの（斬新なもの）だけとは限らない。→課題解決のために現在あるものを利用する、など。課題改善策として実施されなければ前例踏襲になる？ ・誰が校内における課題を知るのか？→ミドル自身。 ・課題を察知するプロセスは？→コミュニケーションを基にした現状把握が前提となる？→[基盤の構築]との関係 ・現状把握が単発的な契機となるわけでなく、自身の経験を含む積み重ねの結果として課題の改善策が生成されるのではないか。→[成長の探求]との関係 ・アイデア創造には「自校の現状」は外せないのではないか。ただし、自校の現状認知（'本音の認知'）と'改善策の練り上げ'は差別化が難しい。類似の概念か？それともプロセスとして順序づけられるのか。→Kp教諭「想定してました」「そうなると思った」

138

概念名	ツールを用いた発信
定義	自身が発案した改善策を共有するべく、効果的に伝わる身近な手段を用いて発信する
具体例 (抜粋)	Kp氏：それも意識させながら、自分たちであてを作ってほしいと思ったんですよ。で、実践したのが、1学期が終わったところからスタートしたんですけど。1学期終わった時に、7月の、1学期終わった次の日に1日かけて研修をやったんです。 Mn氏：時代が変わっても変わらない子育ての真理を伝えるチャンスは学級通信よりも何よりも懇談会で直接話すこと。 Nm氏：先生たちに、まず、研修会の時に、学年でですね、子どもの実態からして、何の研究がいいのか。まず始めの条件は、一本にしますと。一つの教科とか一つのテーマでしますというのが条件で。で、子どもの実態からどんなテーマに、どんな教科にしたほうがいいかっていうのを話し合いました。学年で話して下さいと。このボトムの中で話してもらうんですよね。協議して、持ち寄りましょうということにしました。 Ol氏：振り返りの職員会議を、一番最後だったかな。3月ぐらいに、「来年度の学校開放日について提案します」っていうことで。内容は親とのコミュニケーションはより充実させる方向で。でも、形的には、負担を減らすために、日数減らしましたよって言ったら… Qj氏：総合のカリキュラムに関係するんですけど。教務主任部会ですかないですか、ブロックで話し合いをするんですけど。西部ブロックっていうけど。カリキュラムはだいたい教務が作ってたんですよ、総合は。必ず平和と人権を入れましょうって Ri氏：研究、研究推進委員会っていう、小さな、小委員会の中で、いるんだけど、推進委員会と言えども、たしかに、じゃあみんなでこういう方向性でしていこうって提案しようかって、相談だけど、やっぱその案は、自分が出さなきゃ、推進委員の先生たちが持ってくるわけではないし Sh氏：次からはこういう風に授業をしたいっていって、指導案をまず管理職の先生に見せて、OKをもらって、こういう風にしたいんだけど、6年生に打ち合わせなして。 Uf氏：体育部会というのがあってね。体育部会で私はこう思ってるんだけどこういう風に提案できないやろうかって。あとそれを受けて、職員会で、こういう風な提案をしたいんだけどって。今度は体育主任じゃなかったから、体育主任の方にそれは説明してもらって。それを説明して、こうしたらいいって。で、職員会で決定されますね。校長も含めて。その時に初めて管理職と話をするんですよ。こういう風にして考えてる。で、できそうだったらGo、今年は無理そうだったら、来年につなげてっていうことで Ve氏：学年チームで、こう、一本の授業に対して、所属している学年で、提案してもらったり、授業する人は一人ですけど、あえて、その、学年集団で提案をしてもらって、質問に対しても学年でするんですね。なんでかっていうとですかね、一人の責任、当事者意識にさせるために、一人にすると、結局、力量とか経験でぐっと差があるじゃないですか。でも、チームにすると、小グループにするとちょっと言いやすくなったりとか。責任が分担されるので、っていう、あまりマイナス的なんですけど。で、協議会とかも、学年別に座ってもらったりして、学年で、だからこう、提案して、それをどうですかって引き出すんで。ちょっと学年で、小グループの学年で話し合わせて質問してもらったり。それに対して学年、授業をした所属する学年で答えたりとか、そういう組織を、小さな組織でなんか、組織が機能するように具体的な取り組みとしてはしたことと。
理論的 メモ	・アイデアの提案はどのような場所で、誰に対して行われるのか？ ・提案の規模（スケール、重要性）に応じて選択されているのではないか。 ・提案が行われずにアイデア実施が行われることもあるのか。→Sh氏の行事紹介。ただしこれは個人（一人）で実行可能な実践であり、'巻き込み'とは異なる。→組織的実施では無理？ ・何を契機として提案が起こるのか。提案の創造段階があるのでは？→'改善策の練り上げ' ・何かの「課題」の解決策としての実践。校内における課題認識の次のステップ。 ・具体的な方策を示す行動として解釈可能。その時に使うものは何か？ ・小学校では広く認識されたもの。指導案・職員会議・研修…。これを用いることで効果的に自身のアイデアを広げることができる。アイデアの提案→発信という順序。 ・発信は何の気兼ねもすることなく行うことができるのか。自校現状を知るからこそ、発信をためらう・躊躇する・気を使うことはないのだろうか。発信することはミドルにとってはストレスなのではないか→'本音の認知''あいまいな立場の自覚'との関係 ・発信した後も「本当にこれでいいのだろうか」と悩むような感覚もある？→周囲の反応を知ることで生じるストレスではないか。→'周囲の「思い」の察知'との関係 ・必ずしも「ツール」という可視的なものを用いているわけではないかもしれない ・ツールは指導案などの「もの」だけでなく、部会や職員会議といった「場」も含まれる（例）Qj教諭は、教務部会（市内）の場で発信することで、自校実践をやりやすくした。 ・アイデアは必ずしも「教師」だけへ向けたものではない？子ども、保護者、地域。

概念名	周囲の負担感への気づき
定義	課題解決策として練り上げたアイデアを周囲へ示すことによって生じる、周囲が抱く負担感に気付く
具体例 （抜粋）	Kp氏：この時は、夏休み1日研修。「えー、なにするんだよ」って、最初は嫌な雰囲気で。 Lo氏：負担って思われてしまったら、いくら反対はその場でされなくても、結局は協力してもらえないんですよね。 Ol氏：学校を開くことのメリットとか、そういう視点で考える人がいないから、親が来たら純粋に大変は大変なんですよ。で、その論理だけで、なんていうかな。自分達が今まで構築してきた既得権益を、いかにして守り続けていくか。すごく、強いんですよね。 Qj氏：やっぱり、本当に、本当に理解してないっていったらあれだけど、面倒くさいじゃないですか。一個一個。担任が書くのは。慣れてるじゃないですか、3×4って。3センチ×3人分っていうのには慣れてない。あ、4人分ね。だから、本当に必要性を感じてない人は、やっぱり書いてないわけし。 Ri氏：乗り気でなかった方も…乗り気っていうか、あんまり前向きじゃなくて。推進委員にもなってないし、「えー、授業研、大変ね」って感じだった方もいました。 Tg氏：だから、どんどんいくらでも協力しますよっていう方と、こんなことをね、背負ってたら自分たちの仕事が成り立たんって。だから、もういい加減にしてほしかって言われる方と二つあったわけね。 Uf氏：やっぱ、変えることにすごく臆病な方もいらっしゃるし。変えることって結構きついからですね。あの、また新たに作っていかなくてはいけない作業っていうのは、しんどいんですよね。だからそれが、例年通りでいいんじゃないかって Ve氏：先生方っていうのは、本当に忙しいので、そこで、多忙、多忙感にしないためにも、
理論的 メモ	・新たなアイデアが示されたとき、負担感も示される。学校組織に残る、前例踏襲の風潮。 　→[改善策の可視化]との関係 ・提案に対し、負担感が出ない場合もあるのか。→表出していないだけで、内在的には存在するのかもしれない。→[周囲の「思い」の察知]カテゴリー ・負担感が示されたとき、ミドル教員はどのように対処するのか ・負担を表出する教員への気づきではないか。周囲の負担感へ気づくことで、改善策や手だてが生じ、「巻き込み」へと繋がるのではないか。→[巻き込み]との関係 ・ミドル教員の提案に対する周囲からの異なる反応。ミドル教員の認識との不一致として、負担感が表出しない概念もあるのではないか。→'異なる価値観との遭遇'との関係 ・主な相互作用相手は教師だが、アイデアの種類によってはTg氏のように地域住民、保護者へと広がる可能性もある。 ・「負担感表出」はミドルの外の世界での出来事であるが、ミドル教員自身はそれをどうとらえているのか

概念名	異なる価値観との遭遇
定義	課題解決策としてのアイデア発案を契機とし、周囲が抱く、自身とは異なる価値観と遭遇する
具体例 (抜粋)	Lo 氏：多分、他の先生方にはご理解いただけないところもあったかなと反省してます。 Nm 氏：そういう話をしてても、研究難しいから、任せますっていう学年が三つあったんですよ。6個あるうちの。結局なんか、なんていうんですかね、結局、研究自体が「させられている」なんですよ。「自分たちがしなくちゃ」とか、「子どもをこういう風にしたいな」っていうのが薄い。チームっていうか、6分の3だから半分なんですよね。もう、研究主任が言った教科にするし。もう任せますっていう、ちょっと、自分が巻き込んでいない状態。 Ol 氏：学校の先生の論理は、子どもが不安定になるからダメだとか Pk 氏：その捉え方ができない先生の中には、「なんで自分が、下に揃えないけんのか」と。自分はまだ若い、まあ、若いっていっても、教職経験5年6年7年になるぐらいの年だったんだけど。自分が年配、あるいは若い講師、自分がなんで下に揃えなきゃいけないんだって。 Qj 氏：まあ、色んな声が、色んな意見があるにしても、私はそういうつもりだった。そういう思いだった。利用しないといけないって。 Ri 氏：みんなは、「今自分がしようとしてる学習ではどうすればいいの」まで待つんですよね。本当は私は、そこは自分で考えるっていうのが研究だと思うんだけど…。でも現実は、そこまでみんなは研究を自分の中心に置いてない Sh 氏：日曜日に私と、もう一人の同学年の先生と、校長先生もきてもらって、お願いしますって頭を下げに行ったんですね。地域の浮流の世話役の人が集まっていただいて。その中でね、やっぱり、出たわけですよ。もう、余裕がある方は子どもに教えたいわけですね。だから、どんどんいくらでも協力しますよっていう方と、こんなことをね、背負ってたら自分たちの仕事が成り立たんって。だから、もういい加減にしてほしかって言われる方と二つあったわけね。 Uf 氏：あ、当然いると思います。今までと違うことをするっていうのは、かなり、保守的な人にとっては厳しいんだろうと思うので。まあ、色んな不安な方がいらっしゃるので Ve 氏：「私専門じゃないし、自分はそんなに授業に対して評価とかできない」って思われてる先生も、いるんですよ、絶対に。
理論的 メモ	・‘周囲の負担感への気づき’生成を受け、「周囲が示す抵抗にも種類があるのではないか」との疑問から生成した概念。「乗り気ではない（負担がある）」と「考えが違う」は似ているが違う。 ・「そもそもそれは問題ではない」と感じられることを表すデータ ・すべてのアイデアが受け入れられるとは限らない。抵抗を示す人がいたとき、権威の所在が不明確なミドル教員にはどのような対応が求められるのか？その後の対応はどのように行うのか。→[巻き込み]との関係 ・アイデア実現を阻害するものは抵抗以外にもあるのではないか。例えば制約→時間的切迫や不安→データから読み取れるのは、「ミドル」という曖昧さ→‘あいまいな立場の自覚’生成へ ・一杯いっぱいな状況では、余計なお世話と感じられることもあるはず。しかし、具体例が少ないのはなぜ？→抵抗が起こらないような事前の根回しが行われているため、具体例が出てこない？ ・周囲との価値観の齟齬が起こるということはすなわち、巻き込むべき対象を発見するということか→[改善策の可視化∥巻き込み]との関係 ・ミドルに至るまでの経験で、異なる価値観に直面することは感覚的にわかっているのではないか？（例）Ol教諭「学校の先生の論理は」

概念名	率先行動
定義	自身が提案したアイデアを率先して実施することで、アイデアの実現可能性を示す
具体例 (抜粋)	Kp氏：自分がやったことは、必ず、毎月一回、これについての振り返りをおこなってもらう時間を設定してもらって、毎回これに関しての振り返りを行ってもらって、で、振り返りとかすべてしてもらったものを、こうやって見える化していったんですよ。みんながやってることを。 Mn氏：今のテーマは「自信の種をまこう」。自尊感情とは何か？どうすれば高まるのか？を本を読んでまとめ、配布した。「こんなときに子どもはほめてほしい」「そうすれば能力をあげることになる」ということを分かりやすく説明した。今までは仮説を紐解く時間がなさすぎた。仮説について考える時間がなさすぎる。その説明が好評だったので、「あの時間」は無駄じゃなかったと感じた。 Nm氏：はい、そうです。研究主任はだいたい、1学期に、理論を作ったら、実践授業をして、この理論がいいか悪いか話し合いが1学期だいたいこの時期なんですよ。だいたい6月ぐらいまでに理論を作って、ここで実証授業をして、色んな先生方からいやこの理論、こうした方がいいんじゃないとか変えた方がいいんじゃないとか言われて、作りなおしていく。 Ol氏：やっぱり自分の場合は、アイデアによって、結果を出していく Qj氏：それで6年の担任と話しあったですね。そこに顔出しよったしね Ri氏：人を、大勢の人を巻き込もうとするなら、そこにみんなが入れるような、入口にしておかないといけない。入らない人たちばかりで終わるわけじゃなくて、やっぱりこちらが、訳のわからないような提案をしてたら、やっぱりモチベーションが低くなるかなという気はしますね。 Sh氏：なんか、リアルタイムかなって。Nの子どもに見せるには、やっぱり、記憶が新しいうちに、次の日には絵を描いたり、作文を作ったりとか。やっぱり記憶が新しいうちにしたいんですね。だから、なんか、できたら早くていうのはありますね。 Tg氏：そうそう。12月ごろに電話して、お世話役、町の方にですね、会長さんに。お伺いしたいんですけども、お願いしたいんですけども、いつがいいですかみたいな感じで、いろんな人たちが集まる日はいつですかって、そしたら日曜日の夜とかになるから。じゃあ私たちも参加させていただきますって言って。 Uf氏：まあ、本当に、自分が言った手前、あと名簿作成っていうのが大変なんですよね。人数も合わせなくてはいけないし、その全部の調和は私がしますよって。
理論的 メモ	・自身が率先して行動することでアイデア実現の可能性を示す。 ・アイデアを用いた結果で示す「子どもの姿」の類似概念。行動によって周囲を説得する。 　→ [巻き込み] との関係 ・アイデア実施の成果として、子どもだけでなく教師も変容する。どのように変化しているのか？ ・変化・成長は子ども・教師だけ？「組織」の変化は起こらない？→アイデア実現のゴール（目的）か？ ・アイデア実施の成果だけでなく、アイデアへの抵抗を示す周囲への対応手段の一つとして考えられないか。→ [周囲の「思い」の察知] との関係 ・行動で示すことで周囲の主体性を引き出す＝アイデア実現へ向けたミドル行動という分析テーマに沿った場合、「行動で示す」ことが概念として適切なのではないか ・ミドル教員の行動自体への評価として。アイデア内容への評価との差異→〈後ろ盾獲得〉との類似・差異へ ・ミドル自身による行動が引き金となり、周囲の教員の意識にプラスの変容が見られる。周囲の教師に「主体性」が芽生えるということ？ ・アイデアに関する率先行動の場合、'本音の認知'との関係は？'本音の認知'が事前概念、その後'率先行動'が起こるという順序。

資料

概念名	ヒントの提供
定義	自身が発案したアイデアに関して、より効果的な実施方策を提案し、実現可能性を示す
具体例 （抜粋）	Mn氏：「こんなときに子どもは褒めてほしい」「そうすれば能力を上げることになる」ということを分かりやすく説明する。 Lo氏：ちっちゃなことですよね。ちっちゃな技術、スキルであったり、自分がやってみて、あ、これとっても良かったなって。子どもたちの反応がよかったときは、こういうことしたよって言う風に伝えています。 Nm氏：後は専門性というか、そこで学んだことを先生たちに返していったり Pk氏：自分が教務、担任を外れて教務をすることになったときに、まず、ミドルがミドルで、なんていうのかな。意見交流できる場面、場を作って、これからやっぱし、ミドルのあなた達が、学年、学年主任とかなると年功序列で年配の先生が学年主任という立場になるんだけれども、結局実際に動く、動かせるメンバーは、やっぱりミドルの、自分達の世代だからということで Qj氏：うちを調べさせればいいって。うちの学校を調べさせるには5時間ぐらいいるよって。そしたら総合の時間なんてすぐ済む。足りないぐらい。本当にやればね。きつくないように。きつかったら繋がらない。長続きしないんですよ。その時はやってもね、人が代われば。 Ri氏：ちょっと先が見通せたら動くので、人は。見通せるまで一緒に付き合うというか。こっち側が逆に勉強してやっぱり、細かく細かく噛み砕いて。やっぱり、「あ、それなら私もできる」って思った時は、もうそれはあと、先生がそれぞれやられていくんですけど。「わからん、この理論どういうこと」っていうときは動かないですね、人は。 Tg氏：そして、専門機関の話を聞くとね、変わらないかもしれないけど、いろんな事例を聞いてね、適切な指導ができるかもしれないということで、もっていきましょうということを4人で話し合って、お母さんに来てもらって。お母さん泣かれたんだけど、でも、持っていくことになって。 Ve氏：先生たちのやってる、研究に向けてやったことの価値を必ず見いだして、通信っていう形で、常に、先生たちに発信してましたね。
理論的 メモ	・アイデア実現へのヒントを提示し、周囲を巻き込み ・何を目的としての行動か？アイデアへの周囲からの価値づけ‘肯定的評価’類似概念として考えるのであれば、周囲からの理解を得ること？ ・他者からの価値付けとは何が違うか？ミドル教員自身の行動でアイデアへの価値付けを行う→‘率先行動’との関係 ・周囲からの理解を得られない場合はないのか？→[周囲の「思い」の察知]との関係 ・この行動はどの段階で行われるのか？アイデア発信段階？それともアイデア実施段階？→自らのアイデアの妥当性・意義を自ら示すという、実施段階の行動。 ・率先行動だけでなく、「やる気にさせる」働きかけもあるのではないか？褒める。(例)Ve教諭の研究通信、Mn教諭のお礼→[基盤の構築]として行われている。巻き込みを強化する要素。

143

概念名	肯定的評価の獲得
定義	周囲の視点からアイデアの内容や取り組みを評価してもらうことで、自身の提案したアイデアの正当性を確保する
具体例 (抜粋)	Kp氏：先生たちの取組を見える化して、自分は外に発信をしたりとかしていって。で、さっきのほら、決めたのもあるでしょう。9月から12月までの。あれも玄関に貼って、こういうのも全部貼ったら、来た人たちが「あぁ、こういう取組をしてるんだ」とか。言ってる言葉を先生たちが聞いて「あ、頑張らないといけない」ってなるんですよ。 Lo氏：何人かの先生が、「じゃあちょっとやってみよう」ってやってみて。「あ、これ使えたよ」って。そこからですね。少しずつ、「この方法って、自分たちの新しい学びで、子どもたちに還元できるんじゃないの」ってもっていった。 Mn氏：今までは仮説を紐解く時間がなさすぎた。仮説について考える時間がなさすぎる。その説明は好評だったので、「あの時間」は無駄じゃなかったと感じた。 Nm氏：その時、指導主事はもう、私が始めから相談してるから、知ってるんですよね、中身もね。で、「あ、この研究はこういう価値がありますよ」って。そして、ボトムは、「あぁ、そうなんだ」って。だから、私がしてる、私が主張してることは変なことじゃないんだっていうのは、価値づけられてた。 Ol氏：親から見たら、やっぱり、いっぱい見たいとか。いつでも来ていいとか、当然メリットはたくさんあるけど Pk氏：それこそ、教頭先生のほうが、そのときは外部から、Y以外のところからやってこられた教頭先生だったので。教頭とああいうふうに席が並んで話することが多いから。で、まあ、校長先生がそういうところまで、びしっと明確にされないから。そこを「ちょっとどうしましょうか」って二人でそれぞれ結託して。それこそ結託して、上をちょっとこうして(持ち上げるジェスチャー)。教頭は「立場的に言いにくいから」って。まあ、「Pkさん、言い」って。「フォローはする」って言われて。こんなんしましょうって、こうしながらですね。話を持っていって、こんなんできたらいいですねとか。こんなこと出来るんじゃないですかとかいう話の中で、少し、それこそ校長、僕みたいないち教務が言っても、あれだし。だから校長から、そこはストンと言ってもらいながらですね。 Qj氏：その時に、やっぱりね、校長も教頭も非常に平和への理解があったし。まあ、やらないといけないって、X小学校に来た以上、何かしないといかんって。ダメとかなかったですね。 Sh氏：もう、Ｎｓ先生は「もう任せるから」っていう形でおっしゃってくれて。 Tg氏：日曜日に私と、もう一人の同学年の先生と、校長先生もきてもらって、お願いしますって頭を下げに行ったんですね。 Uf氏：まあ、この年は、管理職も、あぁ、じゃあやってみようかっていうことで、そしたら先生達すごく動いて下さって、あの、管理職の先生もすごく喜ばれた、よかったっていうことはあったので。 Ve氏：ミドルにとっては、トップの後押しって言うのは、すごく。ミドルが、ボトムのことを考えて巻き込もうとしても、トップの後押しがないと、難しいっていうのは。
理論的 メモ	・自分でアイデアの意義を言うのではなく、他者からの意義づけという戦略的な行動として解釈。自身でのアイデアへの意味づけもあるのか。 ・アイデア実現へ向けた「自分での行動」・「他者の行動」という区分けでカテゴリー化できるのではないか。 ・アイデア実現へ向け、この概念はどのような役割を果たすのか。→[巻き込み]に繋がる ・他者の協力があってこそできる。なぜ協力を得ることができるのか。前提となるものがあるのか→[基盤の構築]との関係 ・肯定的評価を受けるのは、「内容」か「取り組み」(行動)か。どちらも？ ・アイデア「内容」への他者からの評価。実施者としてのミドル「自身」への評価がアイデア実現につながるのか。→〈実現可能性の提示〉との関係 ・日常的な自身の行動(頑張り)が評価につながる。(例)Kp教頭「他の皆さんが見てたので」→「あの人がやってるから、賛同しよう」という感覚か。→[基盤の構築]との関係 ・学校組織におけるミドル行動を考えた時、この概念は意味を持つ。一般企業のミドル(中間管理職)との違いはやはり「権限」の有無か。 　→非管理職では、価値づけを必要とする'あいまいな立場の自覚'？ ・ネガティブな評価もあるはず。その対応はどうするのか。→ネガティブな反応としての[周囲の「思い」の察知]

資料

概念名	トップビジョンへの依拠
定義	アイデアの拠り所としてトップビジョンを活用し、自身の提案したアイデアの正当性を確保する
具体例 (抜粋)	Kp氏：「全員力」みたいな言葉をこの方が使ってて。全員力。「全員でなんでもやっていきたい」っていうのを、言われてたかな。で、それにちょっと繋がってましたね。 Lo氏：トップのビジョンがある程度、見えていないと、動けないなぁと思いました。 Mn氏：ただ、責任が伴うときは、何かあったときに一枚岩になってもらうためにも、管理職に話を持っていく。 Nm氏：あの、トップに直接言ってました。本当は教務にいったり、教頭にいったりしないといけんのだろうけど、そのときの学校が、結構トップが、校長が力のあると言うか。退職されたんですけど、結構全体を見渡せる人だったから、その人に言っとけばだいたい外れはないというか。 Ol氏：トップの狙いは、学校を開くというよりは、学級懇にいかに人を集めて、きちっとしたミーティングをするのがっていうところがどうも主眼だった。 Qj氏：それともう一つね、X小学校にいるじゃないですか。「X小学校だったら平和教育だろう」と。 Tg氏：次年度はもう時数を減らさんといかんから、浮流はそろそろやめたいって、その発表会の時に校長先生に言っていただいて。 Ve氏：ミドルにとっては、トップの後押しっていうのは、すごく。ミドルが、ボトムのことを考えて巻き込もうとしても、トップの後押しがないと、難しいっていうのは。
理論的 メモ	・アイデアに繋がるミドル自身による課題認識だけでなく、トップのビジョンもアイデア実施への動機づけとなりうるのではないか。 ・ただしそれはトップの視点で見た場合。ミドル教員を分析焦点者とする以上、ビジョン＝スタートとなるのか。 ・アイデア創造の主体としてのミドルの視点から見た場合、ビジョンはどのようなものとして捉えることができるのか？ ・ミドル教員によって「使われる」ものか。→[巻き込み]の手段、'肯定的評価の獲得'との関係 ・先行研究でも「校長のビジョンが具体性に欠ける」「ビジョンがモットーになっている」「ビジョンが現実を踏まえたものになっていない」ことは明らかにされている。しかし、校長はそれでも自分は「ビジョンを示している」と思っている。そのビジョンをミドルが具体化することで校長の権威を借りる＝ミドル行動として考えることができないか？ ・依拠のレベルが強すぎる場合、ボトムからすると「トップダウン」としてとられかねないのではないか。バランスが求められるのではないか。 ・トップは自校だけとは限らない？（例）Qj教諭「X小だから平和学習」「Z市だから平和学習」も同様の発想か。 ・ビジョンへの依拠は単に理解や協力を得るものではなく、正当性を確保するため。

145

概念名	子どもの姿の明示
定義	アイデア実施の成果として子どもの姿を示すことで、自身の提案したアイデアの正当性を確保する
具体例 (抜粋)	Kp氏：そんな乗り気じゃない人もいたかもしれないですけど、これ、成果が表れたんですよ。もう、1ヶ月もしないうちに、強化週間の時には名札忘れゼロになったりとかしていって。 Qj氏：で、やっぱり子どもなりに感動したとやろうね。「帰るよー」って。私担任じゃなかったんですよ。まあ、教務だから、ぶらぶら行ったとけど。担任が「帰るよー」って。そしたらね、V公園の前に行って、並んで、「歌を歌え」って担任が言ってるとさ。そしたら、X小学校でよく歌っている、「○○」っていう歌をさ、歌うと、全員でさ。それがまた上手やったとさ。(拍手)で、帰ったと。それで、意外とやり方次第で、子どもたちは子どもたちなりに充実感を味わいながら。そういうのがあるから伝わるのかもしれないね。 Sh氏：みんなで一つのものを作り上げてるっていうのがあって感動してくださるんですね。 Uf氏：色んな子にいろんな挑戦させたりとか、自分の個性を伸ばせるような。っていうのは僕が行った学校は、結構それができている。 Ve氏：やっぱり子どもが育ってたら、授業力量が高いんだろうなって。しかも自分のクラスだけじゃなくて、学年として子どもも育ってるなとか。
理論的 メモ	・アイデア実施後の概念であり、実施前の周囲への働きかけとは区別できる。 ・子どもの変化、子どもの成長は、結果として起こるもの。この概念の意味は？ ・子どもの変化はアイデア実施の結果。プロセスのゴールとして設定するべきか。 ・ゴールの反対、始まりは何か。課題の認識？ ・アイデア実施の明確なアウトプットになり得るか。それよりも、子どもの姿を示して周囲の理解を得る手段の一つなのではないか。 ・子どもの成長→成果（成長、ゴール）として語ることはできないのではないか（時にはあるとしても）。むしろ、周囲の理解を得るための一つの方策。→[巻き込み]の手段の一つ ・アイデアの「実現」というゴールはあるのか。 ・アイデアの成果の一つとして「子どもの変化」が考えられるが、それ以外の成果は考えられないか。 ・学校における「子ども」(対象)の対極例はないか。教師？→'肯定的評価の獲得'に繋がる<u>か。</u> ・子どもの「変化」は成果として捉えることは難しい。プラスの変化にならないと周囲の理解・協力は得られないのではないか。 ・「子どもの姿」はアイデア実施の結果であって、ミドル自身の行動が引き起こすものとは限らない。→ミドル自身の「行動」が周囲を巻き込むこともあるのではないか。 ・子どもの姿を示すことは、アイデアへの理解と協力を得る前の段階ではないか→アイデアへの「正当性の確保」→〈後ろ盾獲得〉としての関係

概念名	経験を踏まえたサポート
定義	日常的に接する相手の状況に応じ、自身の経験を踏まえて職務内外におけるサポートを行う
具体例 (抜粋)	Kp 氏：出来る支援はいっぱいしましたね。自分の仕事は5時以降って決めて。支援をとにかくしていって、皆さんの支援を。授業案にしても、アドバイスにしても。研究主任がわからんことがあったら、研究主任と考えたりとか。っていう姿を見てくれているから、自分のやることに対して、やろうっていうのはあったと思いますね。 Lo 氏：強制はしないけど、いいと思うものは伝えるようにしています。 Mn 氏：特に少人数加配の先生は配属学年がないため孤独なので・・・自分が少人数加配の立場になったときもそうしてほしいなぁ。 Nm 氏：あの、よくあるのが、授業でも、絶対あの、まず大事にしているのは向こうから言わせるということ。 Pk 氏：早め早めに学校に、こいつ厳しくなりそうなっていうのがわかるじゃないですか。講師の先生でもベテランの先生でも、ちょっと、こうなるかなっていうクラスに意図的に。自分もそうやったけど、そっちの先生にも、もうミドルをそこに付けてもらって、担任外という形で付けてもらったんですよ。 Qj 氏：「先生辞めたいです」って。「やめんね」って。「職あるとね」って。「絶対ないよ」って。「生活しぃきるならいいやん」って。「でもね、生活しぃきらんやろ」って。「辞めれんね」って。「思いを持つとはあるかもしれんけど、病院できちんとすれば。」って。出るとよ、子どもにね。あぁ、やる気ないな、この先生とかね。そしたら又いろいろともめる。難しいとさ。引っ張っていかんといけん。気合いをいれろ！って言いづらい Ri 氏：それから「先生教えて下さい」って言って聞いてくる子もすごく多いんですよ、この学校、若い子が。すごくみんな頑張りたいっていう気持ちがあるので。その子たちが聞いてきたときに一緒になって話すぐらいでしたね Sh 氏：自分の体験談をやっぱり良く話すかな。特に失敗談とか、こんなやったよとか、このときこんなだったよとか話すし。特にね、子育て、今真っ最中の先生がいるんですよね。 Tg 氏：例えばクラスで起こった事なんか。で、「それはね、管理職に相談したほうがいいよ」って、「相談しよっか」ってことはありますね。「その言うことはやっぱり究極めて、相談するように。教頭にあげとったほうが、報告しとったほうがいいよっていうことはあります。 Uf 氏：あ、ここは絶対しないぞとか、これは指導してやらないよということもありますのでね。年齢で、ただ、若い、なりたての方にはこちらから教えてあげなくてはいけないな、子どもへの声のかけ方とかは。その、教えてあげなくてはいけないな、こうしたほうがいいよっていうのは常々考えている、やらなくてはいけない。僕達も先輩からそうしてもらいましたので。 Ve 氏：授業に向けて模擬授業とか教材研究とかするんですけど、そういう環境は整えましたよね。算数だから、算数の教科書とかを全部用意してたりとかですね。使うなら使って下さい、どうぞとか。
理論的 メモ	・提案したアイデアに対して、なぜ周囲からの後押しを獲得できるのか。周囲の後押しを可能とするものは何か、という疑問から概念生成 ・アイデア実現に直接関係している概念ではない。しかし、間接的に繋がると解釈できる。直接アイデア実現に繋がる概念と区分けできるということか。 ・サポートを行うことで、自身のアイデア実現への賛同者を獲得している？→（例）Kp 教論「自分のやることに対して、やろうっていうのはあった」→[巻き込み]との影響関係 ・周囲からの後押し獲得を可能とする行動は、仕事外での関係構築のような、仕事以外にもあるのではないか。 ・どのような点に「「ミドル」らしさ」があるか。→サブカテゴリー〈経験を活かしたコミュニケーション〉 ・厳しく接する行動是正も、その人に応じた対応であり、サポートと見て取れる。→ Tg 教論：主幹、校長への指摘 ・「将来困るであろうことを事前に教える」という点で見るとサポートになるが、アイデア実現へのヒントの提示という視点から見ると、別の概念が生成できる？→'ヒントの提供'生成へ ・保護者とのやり取りの中にも経験を踏まえたサポートの視点は含まれるのか？→ Mn 教論の子育ての心理に関する発言 ・アイデアのタイプによるが、相互作用の対象は教員だけに限らない ・なぜ積極的にサポートを行うのか。その目的、目指すものは何か？→[成長の探求]との関係 ・直接的なサポートだけでなく、間接的なサポートもありうるのか

概念名	間口を広げる
定義	積極的に間口を広げることで「ミドル」という垣根をなくし、会話しやすい雰囲気を作る
具体例 (抜粋)	Kp氏：出来る支援はいっぱいしましたね。自分の仕事は5時以降って決めて。支援をとにかくしていって、皆さんの支援を。授業案にしても、アドバイスにしても。研究主任がわからんことがあったら、研究主任と考えたりとか。っていう姿を見ていてくれているから、自分のやることに対して、やろうっていうのはあったと思いますね。 Lo氏：お茶のみ場とかですかね。あと飲み会があったときにその話をすることはありますけど。 Mn氏：気をつけることは「笑顔」。 Nm氏：例えば、修学旅行のしおりを、6年の先生が一生懸命作ろうとしている。それを見たら、手伝いますねとか言わないで、手をぱっと動いて、中に入ってぱーっと合わせたりとか。どんどんどんどん、それはしゃべりながら出来るんですけど、「6年生研究どうですか」とかしながらとか。 Ol氏：若者と昨日飲んだんやけど。だから、若者とはある意味、巻き込みながら、情報収集しながら、一緒に飲みながら、きゃっきゃきゃっきゃ言って Pk氏：やっぱ、仕事も一つだけど、仕事以外の部分？だけん、さっき言ったように、呑みの席だとか、趣味の世界だとか、そういった部分でも、ざっくりした人間関係っていう部分、そこが基盤にないと、何かお願いした時も、出来ない部分ってあるだろうから。そういった色んなところで、意識してですね。飲み会で。まあ、学年とかでも必ずやっぱり、飲み会は自分は大切にしてきた部分があるんですよ。その中で本音でざっくり色々な話をするっていうことを大切にしてきたので。 Qj氏：僕はね、死ぬまで研修って。死ぬまで研修って。もう、常に言っていますね。 Sh氏：それからいつでもクラスをオープンにしてるから、いつでも授業の様子とか子どもたちの様子とか、個別の支援っていうのは、私はこういう風にしてるよっていうのを、見に来てねっていうような。オープンにしてる。 Tg氏：で、私も、ずーっと保護者に、毎週金曜日の夜電話するって言うのが私の日課なんですね。 Uf氏：僕も若いころ、やっぱり聞けなかったですね。で、先輩の先生は、もっと若い子は聞けばいいのに、聞けばいいのにとか言うけど、「聞けないんだよ！」とか思いながら。何を聞いていいのかわからないし。いつも忙しそうにしてるっていうのもあったので。 Ve氏：教材研究をしてる時に、僕も、自分の仕事をしながら待ってるっていう、そんな感じ
理論的 メモ	・ミドル教員は「ミドル」であるがゆえ、周囲からすると話しかけづらいと思われるのではないか。これを解消するための行動ではないか。 ・その思いを自身の教職経験をもととして気付いている？→'経験を踏まえたサポート'との関係 ・アイデア実現が自身の立ち位置を理由に遂行できない場合もある。こうならないために、本概念のような行動の必要性が生まれる？ ・アイデア実現にどのような影響を与えるのか。→Nm氏の人間関係作り、そして貸しをつくる。→[巻き込み]との関係 ・ただ間口を広げるだけではダメ。この行動だけでなく、周囲との関係構築に関係する概念があるのではないか ・この概念は「経験」を活かしたもの。「ミドル」としての立場をいかしたものはない？→'立場を使う'生成へ ・飲み会などの「場」の設定が重要なのか。それとも「コミュニケーション」に重点が置かれているのか ・重点が置かれるのは「コミュニケーション」。どのようなコミュニケーションであるかが問われる。本概念の場合、自身の「経験」で培ったもの。そのほかにも考えられるか？ ・Tg教諭：地域行事廃止に当たり、町内会長・保護者への度重なる電話。そして、浮流のお礼は'率先行動'と重複。概念同士の関係がある？→間口を広げることが'率先行動'を強化している。→[巻き込み]との関係

概念名	子ども情報での会話
定義	子どもと接する機会が多い「ミドル」という立場を活かし、自身がもつ子どもに関する情報を用いて周囲との会話を行う
具体例 (抜粋)	Lo氏：この子に対して、この彼女に対しては、私がこうすればって言えば彼女はすると思うんです。それで彼女が育つかな、って思うんです。話を聞くようにしてるっていうのは、クラスの子どものことで、先生こういうことがあってってちょこちょこ小さなこと、困ったことを話してくれる中で、「あなたはその時にどう判断した？」、「どう声かけた？」って。あなたはどうしたかっていうことを全部言ってもらいます。「こうこうしてこういう風にやってんです」って、全部聞き取って、その後に自分の考えを。「あなたのこの判断は、もしかしたらこういう風に言ったほうが子どもはよい反応をしたかもしれないね」とか。 Mn氏：昨年同学年だった先生が持ち上がっているので話しやすくもある。自分の持っている子どもの情報を伝えることで、保護者に聞くことなしに子どもの情報を得ることができている。 Nm氏：で、周りの先生たちも、みんなが苦労していることを知ってるんですよね。結局その、年休とか先生方が取れない状態。年休とっても誰もクラス入れませんよ、補助つきませんよって。ブランコ少年がおったからですね。っていう状態だっていうことを知ってるから。 Ol氏：例えば生徒指導が最近問題行動が増えよるよねとかなったら、やっぱ、そこの部分の担当、例えば生徒指導担当と一緒に話しながら進めていくとか。 Qj氏：俺たちはこれだけ動いたやっかって。そしたらね、言えない。言えない。私には。だから、それは他の職員に話してたとき。今年も泣いたって。次の担任さ。 Ri氏：自分の、とても地域的に厳しい学校なので、自分のクラスも厳しい子はいるし。例えばそこで親が色んなことが来たときのことを、話しますね。「うちのクラスでこんなことがあってるよ」ってことを話すと、「うちも…」っていう風に口を開く若い方は多いし Sh氏：Ne先生ともよく話すな。でも、Mcさんを通してが多いですね。Ne先生を通して、Ne先生とも最近話す Tg氏：たまたま、今初任の先生が6年生を担当してるんですけど。私その学年を3年の時にもったことがあるから。「先生の時どうでした、3年のとき」「あの子のところはね…」ってそんな立ち話をするぐらいで。 Uf氏：あ、ここは絶対しないぞとか、これは指導してやらないといけないかなということもありますのでね。年齢で、ただ、若い、なりたての方にはこちらから教えてあげなくてはいけないな、子どもへの声のかけ方とかは Ve氏：やっぱり廊下を通る子どもの姿とかから、「あ、この先生は」っていうところが見えるんですよね。
理論的 メモ	・ミドルとトップを比較した場合、トップに比べ、ミドルは子どもと接する機会が多い（学級担任、授業を担うなど）。ミドルらしさを考えたとき、ボトムに近い立場であるがゆえ得ることのできる子どもに関する情報でのコミュニケーション。 ・ミドルという立場を活かしたコミュニケーション「内容」への着目をもとに概念生成→'立場を使う'との関係、〈立場を活かしたコミュニケーション〉サブカテゴリー ・子どもを介した会話はアイデア実現にどのような意味を持つのか？全く関係ない気はしないが…。 ・間接的ではあるが、この行動によって基盤ともなる関係構築へと繋がる。→[基盤の構築]との関係 ・フォーマル・インフォーマルといった場の区別は必要ない？→「場」と「コミュニケーション」のどちらを重要視するか？→コミュニケーションを重視。

概念名	立場を使う
定義	「ミドル」という立場を活用し、周囲とコミュニケーションをとる機会をもつ
具体例 (抜粋)	Kp氏：1学期終わった時に、みんな、いつも7月の、1学期終わった次の日に1日かけてやるんですけど。 Lo氏：だから、Bi先生、また一緒に研究を進めている先生、研究推進の先生方とはとにかく密に連絡をして、小さなことでも、理論的なことであっても、対外的なことであっても、とにかく共通した認識でいれるように、っていうことをまずは一番根っこに Mn氏：ケース会議を開いている。みんなで相談する、一人で悩まない、苦しまない、そういったアドバイスの場を敢えて作る。公式に作る。 Nm氏：最後の年。で、そういう中で、していったんですよね。だから、ある意味、S市の先生優しかったから、私はよそから来たから、協力してやろうという気持ちはあったんですね、最初から。 Ol氏：そうですね、職員のアンケートとか、ええと、その、教育デイとかがあるたびに、簡単に一枚分で、成果と人数、今日の人数は何人だったとか、この取組の成果は何かとか、課題は何かとか、協議してほしいことは何かとか、そのときそのときの大きな行事だけは、Pのときのは、そのときそのときに、常にその、振り返りをしないと、 Pk氏：改めてミドルだけが集まって話するっていう。しょっちゅう定期的にやるっていう形ではないけれども。機会があれば、そういう働きかけを、意図的に、意識的にはやるようにしてましたね。 Qj氏：まだ同僚だから言いやすいとね。もし僕が校長だったら言えない。突っ張っていけとかさ。同僚だから言いやすいね。 Ri氏：ただ、研究会の、自分がちょっと見たいなっていう研究、授業研があったときに、ちょっと若い子を誘ったりとかはしました。「先生、ちょっと見とったらいいよ」とか Sh氏：Nっていうのは教科書がないから、ずっと教材とかも自分たちで作っていくんですけど、やっぱりここでつまずいてる子にはこんな風にしたらとってもいいですよ、教材としてはたくさんこちらで持っているので、そんなのを使ってねって。データはここにあるからねっていうのはいつも言ってるっていうのは、私にできることかなって思ってしてるでしょうかね。 Tg氏：勝手にやられたら困るみたいなことがあるので、極力、放課後の時間、少しでもいいから、今の学級の現状を話し合うとか、授業について共通理解をとりながら進めていくとか、そういうのを極力気をつけていますよ。朝がなかなか無理なので、せめて放課後ぐらいと思って、ちょっとでもね、時間をとってですね。 Ve氏：模擬授業するって言われたら、もう、自分は、一応研究主任としてだけど、もう、参加しますっていう感じのこととか
理論的 メモ	・多忙化の中で強攻的にアイデアの提案・実現を行うと、反発も予想される。その他のコミュニケーション、または前提となる基盤があるからこそできる行動か？→[基盤の構築]との関係 ・フォーマルな場は設定するだけでなく、現存の物を「利用する」という解釈もできる。 ・「場の設定」に意味があるのか？それとも、「コミュニケーション」に重点が置かれるのか？→必ずしも特定の場が必要なわけではない(職員会議など)。つまり、重点が置かれているのは「コミュニケーション」 ・「ミドル」としての立場を活かしたコミュニケーション内容に特化したものもあるのでは？→‘子ども情報での会話’生成へ ・研修などを用いた発信＝‘ツールを用いた発信’と重複することが多い。立場を使うことが影響を与えている？→[改善策の可視化]との関係 ・振り返りの場を設定することで、周囲の[巻き込み]を可能にする？→[巻き込み]との関係 ・一方で、周囲の負担感を一層強める危険性もある。立場を使って場を作ることはもろ刃の剣？ ・「場」作りというよりも、「ミドル」という立場を使った「機会」作りでは？

引用・参考文献

浅野良一「一般経営学と教育経営──企業経営学からみた教育経営・学校経営の課題──」『日本教育経営学会紀要』第50号、2008年、pp.26-37。

阿部二郎・藤井壽夫・沢田紀之・佐々木善憲・高垣孝二「教員の研修に関する一考察(第3報)── ミドルリーダーが校内研修に果たす役割──」北海道教育大学『教育情報科学』第25号、1997年、pp.65-74。

天笠茂「指導組織の改善に関する史的考察── N小学校におけるケーススタディーを中心に──」大塚学校経営研究会『学校経営研究』第20巻、1995年、pp.49-69。

天笠茂「ティーム・ティーチング」岡東壽隆・林孝・曽余田浩史編集『学校経営 重要用語300の基礎知識』明示図書、2000年、p.192。

大串正樹「知識創造としてのカリキュラム開発── 金沢市小学校英語活動の事例研究──」日本カリキュラム学会『カリキュラム研究』第12号、2003年、pp.43-56。

大脇康弘「ミドルリーダーの役割と育成」『月刊高校教育』第49巻4号、2016年、pp.64-67。

小島弘道『教務主任の職務とリーダーシップ』東洋館出版、2003年。

小島弘道「スクールミドルの役割──「中間概念」の創造」『月刊高校教育』第43巻3号、2010年、pp.82-85。

織田泰幸「学校経営におけるミドル・アップダウン・マネジメントに関する一考察」中国四国教育学会『教育学研究紀要』第49巻1号、2003年、pp.313-318。

小柳和喜雄「現職研修を対象としたメンタリング研究における日本教育工学会の研究成果の位置」『日本教育工学会論文誌』第39巻3号、2015年、pp.249-258。

加藤崇英『「チーム学校」まるわかりガイドブック』教育開発研究所、2016年。

金井壽宏「エスノグラフィーにもとづく比較ケース分析──定性的研究方法への一視角──」組織学会『組織科学』第24巻第1号、1990年、pp.46-59。

木岡一明「学校の潜在力の解発に向けた組織マネジメントの普及と展

開」『日本教育経営学会紀要』第48号、2006年、pp.200–204。

木下康仁『グラウンデッド・セオリー・アプローチ 質的実証研究の再生』弘文堂、1999年。

木下康仁『グラウンデッド・セオリー・アプローチの実践 質的研究への誘い』弘文堂、2003年。

木下康仁『ライブ講義 M-GTA 実践的質的研究法 修正版グラウンデッド・セオリー・アプローチのすべて』弘文堂、2007年。

木下康仁『質的研究と記述の厚み M-GTA・事例・エスノグラフィー』弘文堂、2009年。

木下康仁『グラウンデッド・セオリー論』弘文堂、2014年。

熊谷慎之輔「スクールミドルの職能発達を考える視点と理論」小島弘道・熊谷慎之輔・末松裕基著『学校づくりとスクールミドル』学文社、2012年、pp.84–99。

神山知子「研修における教師の多忙感受容を促す要因に関する考察――校内研修の「日常性」と「非日常性」を手がかりとして――」『日本教育経営学会紀要』第37号、1995年、pp.115–128。

佐久間茂和編集『ミドルリーダーを育てる』教育開発研究所、2007年。

佐古秀一「学校の組織特性とその問題」佐古秀一・曽余田浩史・武井敦史著『学校づくりの組織論』学文社、2011年、pp.118–130。

佐藤郁哉『フィールドワーク増訂版 書を持って街へ出よう』新曜社、2006年。

佐藤学『学校改革の哲学』東京大学出版会、2012年。

篠原清昭編著『学校改善マネジメント 課題解決への実践的アプローチ』ミネルヴァ書房、2012年。

柴田幸穂「学校におけるマネジメント――公立高校における実践的取り組み――」日本マネジメント学会『経営教育研究』第10巻、2007年、pp.99–119。

清水紀宏「外生的変革に対する学校体育経営組織の対応過程：2つの公立小学校の事例研究」日本体育学会『体育學研究』第46巻第2号、2001年、pp.163–178。

末松裕基「イギリスにおける学校ミドルリーダーシップ開発の課題――「教科リーダー全国職能基準 (National Standards for

Subject Leaders)」導入と「学校ミドル全国研修プログラム (Leading from the Middle)」開発における議論の分析を通して──」日本学校教育学会『学校教育研究』29巻、2014年、pp.112–124。

住岡敏弘「経営過程論」『教育経営研究の理論と軌跡』玉川大学出版部、2000年、pp.64–75。

諏訪晃一・渥美公秀「教育コミュニティづくりとハビタント：地域への外部参入者としての校長」『日本教育経営学会紀要』第48号、2006年、pp.84–99。

諏訪英広「教員社会におけるソーシャルサポートに関する研究──ポジティブ及びネガティブな側面の分析──」『日本教育経営学会紀要』第46号、2004年、pp.78–92。

高木亮「教師のストレス過程メカニズムに関する比較研究──小・中学校教師のストレス過程モデルの比較を中心に──」『日本教育経営学会紀要』第45号、2003年、pp.50–62。

高木亮・田中宏二・渕上克義・北神正行「教師の職業ストレスを抑制する方法の探索」『日本教育経営学会紀要』第48号、2006年、pp.100–114。

高階玲治編集『学校組織活性化のマニュアル 主任の仕事』明治図書、1995年。

高野桂一『経営過程論』明治図書出版、1980年。

高野桂一「経営過程論」『教育経営ハンドブック』ぎょうせい、1986年、pp.281–282。

武井敦史「学校経営研究における民族誌的方法の意義──J.F.フィンケルによる校長のリーダーシップ研究を方法事例として──」『日本教育経営学会紀要』第37号、1995年、pp.86–98。

武井敦史『クリシュナムルティ・スクールの民族誌的研究』多賀出版、2003年。

武井敦史「調査研究のデザイン」藤原文雄・露口健司・武井敦史編著『学校組織調査法 デザイン・方法・技法』学事出版、2010年、pp.21–32。

棚橋浩一「学校組織の活性化に向けて──主幹職としての取組の在り方を考える──」『奈良教育大学教職大学院研究紀要「学校教育実践研究」』第2号、2010年、pp.63–72。

谷富夫編『ライフヒストリーを学ぶ人のために』世界思想社、2008年。

露口健司『学校組織のリーダーシップ』大学教育出版、2008年。

中留武昭「校内研修」安彦忠彦他編『新版現代学校教育大辞典』第3巻、
　　　ぎょうせい、2002年、pp.71–73。

中野和光「日本の授業の構造と研究の視座」日本教育方法学会編『日本
　　　の授業研究――Lesson Study in Japan ―― 授業研究の方
　　　法と形態〈下巻〉』学文社、2009年、pp. 1 –10。

二宮賢治・露口健司「学校組織におけるミドルリーダーのリーダー
　　　シップ――学年主任のリーダーシップに焦点を当てて――」
　　　『愛媛大学教育実践総合センター紀要』第28号、2010年、
　　　pp.169–183。

野入直美「ライフヒストリー分析とは何か」谷富夫・芦田徹郎編著『よ
　　　くわかる質的社会調査　技法編』ミネルヴァ書房、2009年、
　　　pp.90-91。

野中郁次郎・竹内弘高著、梅本勝博訳『知識創造企業』東洋経済新報
　　　社、1996年。

野中郁次郎・遠山亮子・平田透『流れを経営する 持続的イノベーショ
　　　ン企業の動態理論』東洋経済新報社、2010年。

野中郁次郎・紺野登『知識創造経営のプリンシプル―― 賢慮資本主義
　　　の実践論』東洋経済新報社、2012年。

朴聖雨「教育経営研究の科学化」日本教育経営学会編『教育経営研究の
　　　奇跡と展望』ぎょうせい、1986年、pp.229–243。

藤崎宏子・平岡公一・三輪健二編著『ミドル期の危機と発達―― 人生
　　　の最終章までのウェルビーイング――』金子書房、2008年。

藤田英典・油布佐和子・酒井朗・秋葉昌樹「教師の仕事と教師文化に
　　　関するエスノグラフィ的研究―― その研究枠組と若干の実
　　　証的考察 ――」『東京大学大学院教育学研究科紀要』第35
　　　巻、1995年、pp.29–66。

淵上克義「スクールリーダーの心理と行動」淵上克義・佐藤博志・北神
　　　正行・熊谷愼之介編『スクールリーダーの原点―― 学校組
　　　織を活かす教師の力』金子書房、2009年、pp.47–69。

元兼正浩「これからの管理職養成、選考・登用、研修の方向性」『教職
　　　研修』第44巻10号、2016年、pp.96–97。

八尾坂修「教育センター等における主任層・中堅教員に対する学校経
　　　営関連研修の実態と課題」『季刊教育法』第115号、1998年、
　　　pp.43–51。

八尾坂修「学校力を高めるミドルリーダーの役割とその育成」『教育展望』第53巻7号、2007年、pp.42-47。

八尾坂修編集『主幹教諭　その機能・役割と学校の組織運営体制の改善』教育開発研究所、2008年。

山崎保寿編集『教務主任の仕事術——ミドルリーダー実践マニュアル』教育開発研究所、2012年。

山下成明「教務主任時代に身に付けたい「三つの力」——集団を動かす力，行動力，ネットワーク力」『総合教育技術』第64巻13号，2010年，pp.72-73。

山本則子「Grounded Theory Approach とは」山本則子・萱間真美・太田喜久子・大川貴子『グラウンデッドセオリー法を用いた看護研究のプロセス』文光堂、2002年、pp.7-19。

横山剛士・清水紀宏「教育イノベーションの継続的採用を促す組織的要因の検討——学校と地域の連携による合同運動会の定着過程に関する事例研究——」『日本教育経営学会紀要』第47号、2005年、pp.145-160。

吉村春美・中原淳「学校改善を目指したミドルリーダーの行動プロセスに関する実証的研究」『日本教育工学会論文誌』第40巻4号、2017年、pp.277-289。

李春善「教師集団の「同僚性」に関する研究——研究主任に対するインタビュー調査を通して——」上越教育経営研究会『教育経営研究』第15号、2009年、pp.97-107。

脇本健弘・町支大祐著、中原淳監修『教師の学びを科学する データから見える若手の育成と熟達のモデル』北大路書房、2015年。

教育調査研究所『ミドルリーダーとしての主幹教諭の職務と育成』2011年。

福岡県教育センター編『学校変革の決め手 学校のチーム化を目指すミドルリーダー20の行動様式』ぎょうせい、2016年。

Charmaz, K., Constructing Grounded Theory: A Practical Guide through Qualitative Analysis, Sage Publications, 2006.（抱井尚子・末田清子『グラウンデッド・セオリーの構築——社会構成主義からの挑戦——』ナカニシヤ出版、2008年。）

Glaser, B. G., & Strauss, A. L., Awareness of Dying, Aldine, 1965.（木下康仁訳『死のアウェアネス理論と看護 死の認識と終末期ケア』

医学書院、1988 年。)

Glaser, B. G., & Strauss, A. L., The Discovery of Grounded Theory: Strategies for Qualitative Research, Aldine, 1967. (後藤隆・大出春江・水野節夫訳『データ対話型理論の発見 調査からいかに理論をうみだすか』新曜社、1996 年。)

Glaser, B. G., Basics of Grounded Theory Analysis: Emergence vs. Forcing, The Sociology Press, 1992.

Smith, L. M., 'Ethnography', Encyclopedia of Educational Research (Sixth Edition), The American Educational Research Association, Macmillan Publishing Company, 1992.

Strauss, A. L., & Corbin, J., Basics of Qualitative Research: Grounded Theory Procedures and Techniques, Sage Publications, 1990. (南裕子・操華子訳『質的研究の基礎── グラウンデッド・セオリーの技法と手順』医学書院、1999 年。)

Weick, K. E., Educational Organization as Loosely Coupled System, Administrative Science Quarterly, Vol.21,No.1 1976, pp.1–19.

関連自著論文

畑中大路「ミドルリーダー研究の現状と課題── 研究対象と期待される役割の視点から ──」九州大学大学院人間環境学府 (教育学部門) 教育経営学研究室 / 教育法制論研究室『教育経営学研究紀要』第 13 号、2010 年、pp.67–73。

畑中大路「学校経営研究における方法論の検討── グラウンデッド・セオリー・アプローチ (GTA) の特徴に着目して ──」九州大学大学院人間環境学府 (教育学部門) 教育経営学研究室 / 教育法制論研究室『教育経営学研究紀要』第 14 号、2011 年、pp.39–47。

畑中大路「M-GTA を用いた学校経営分析の可能性──ミドル・アップダウン・マネジメントを分析事例として ──」『日本教育経営学会紀要』第 54 号、2012 年 a 、pp.76–91。

畑中大路「教師はミドルリーダーをいかに捉えているか── 自由記述データを用いた探索的考察 ──」九州大学大学院人間環境学府 (教育学部門) 教育経営学研究室 / 教育法制論研究室

『教育経営学研究紀要』第15号、2012年b、pp.65–71。

畑中大路「学校経営におけるミドル論の変遷——「期待される役割」に着目して——」九州大学大学院人間環境学府教育システム専攻教育学コース『飛梅論集』第13号、2013年a、pp.87–101。

畑中大路「学校組織におけるナレッジマネジメント——校内授業研究を通じた知識創造プロセスに着目して——」『九州教育経営学会研究紀要』第19号、2013年b、pp.83–91。

畑中大路「学校組織におけるミドル・アップダウン・マネジメントの実際——運動会の運営をめぐる意思形成過程の検討——」『九州教育学会研究紀要』第40巻、2013年c、pp.65–72。

畑中大路「教師がミドルリーダーになる契機——概念整理を踏まえた試論的考察——」九州大学大学院人間環境学府(教育学部門)教育経営学研究室/教育法制論研究室『教育経営学研究紀要』第16号、2013年d、pp.35–41。

畑中大路「学校経営過程研究における方法論の考察——ミドル・アップダウン・マネジメントを視座としたM-GTAによる分析——」(九州大学 博士学位論文)、2014年。

畑中大路「学校組織におけるナレッジマネジメント——高等学校生徒指導のケーススタディ——」『東京理科大学紀要 教養篇』第47巻、2015年a、pp.189–206。

畑中大路「ミドルリーダーとしての教師」元兼正浩監修『教職論エッセンス 成長し続けるキャリアデザインのために』花書院、2015年b、pp.138–144。

畑中大路「学校経営研究における研究知・実践知の往還——研究方法論の検討を通じて——」『日本教育経営学会紀要』第58巻、2016年a、pp.88–89。

畑中大路「校長によるミドルリーダーの力量形成——ビジョン具現化手段としてのアクティブ・ラーニング実施プロセスに着目して——」牛渡淳・元兼正浩編集『専門職としての校長の力量形成』花書院、2016年b、pp.211–231。

畑中大路「教員年齢構成に関する基礎的分析——公立高校の都道府県比較——」『長崎大学教育学部紀要』第79号、2017年、pp.17–30。

福田鉄雄・畑中大路「学校経営におけるビジョン形成・具現化プロセ

スの考察 —— 西彼杵高校の学校改善に着目して ——」長崎
大学教育学部『教育実践総合センター紀要』第16号、2017
年、pp.180–189。

本書刊行および上記自著論文執筆にあたっては、JSPS科研費「学
校組織におけるミドルリーダー研究―アイディア実現過程の質的
分析・検証を通して―」（課題番号12J06284）および「学校組織間
における知識移転―ミドルリーダーの人事異動に着目して―」（課
題番号15K17370）の助成を受けました。

あとがき

　本書は、2014年3月に九州大学より博士（教育学）を授与された学位論文「学校経営過程研究における方法論の考察—ミドル・アップダウン・マネジメントを視座とした M-GTA による分析—」をもととするものです。九州大学在学中には、指導教員・副指導教員の八尾坂修先生、元兼正浩先生、田上哲先生から多くのご指導をいただきました。また、同学年の金子研太さん、清水良彦さん、研究室の先輩・後輩の皆様からは、学校教育を多角的に捉える視点を与えていただきました。現在につながる大切な出会いの地となった福岡は、私にとって「第二の故郷」です。

　窪田直樹先生をはじめとする調査に応じていただいた先生方、フィールドワークの中でともに学び遊んだ子どもたちにもお礼申し上げます。皆様が惜しみなく示してくださった「学校教育の実際」、与えてくださった様々な経験が今の私を作っていると言っても過言ではありません。

　そして私にとって、M-GTA との出会いは大きな意味を持つものでした。「何のため、誰のために研究するのか」を悩み問い続けていた私に対し、M-GTA は進むべき方向を示してくれました。当時何のつながりも持たず研究会へ飛び込んだ私に対し、懇切丁寧にご指導くださいました小倉啓子先生に感謝申し上げます。

　また本書は先述した博士論文へ、山口東京理科大学および長崎大学での研究・実践を踏まえ加筆修正したものです。大学教員として初めての職場、「公立化」という激動を体験した山口東京理科大学の皆様からは、大学教育の本質をご教示いただいたように思います。特に、公私ともにサポートいただいた福田廣先生、様々な「壁」をともに乗り越えた教育研究サークルの皆さんからは、「明

日を切り開く力」をいただきました。2年というわずかな時間ではありましたが、かけがえのない出会いに恵まれた山口東京理科大学は、私にとって「第三の故郷」です。

　そして現在。故郷 長崎で教員養成に携わり2年が経ちました。石川衣紀先生、小西祐馬先生、山岸賢一郎先生をはじめとする諸先生方や、学部・大学院ゼミ生等との素晴らしい出会いに恵まれ、充実した日々を送っています。

　上述した数々の出会いに加え、これまで私のわがままを許し後押ししてくれた家族、いつも素敵な笑顔とともに歩んでくれる大切な妻 綾佳と、本当にたくさんの方々に支えられ、私は今、ここにいます。本書は、そんな今の私にとって一つの節目となるものです。課題の多い本書に対し、鋭いご指摘を多数くださった木下康仁先生、水戸美津子先生、小倉啓子先生にお礼申し上げるとともに、刊行助成をお認めくださったM-GTA研究会の皆様、ハーベスト社小林達也様に心より感謝申し上げます。まだまだ課題多い研究ですので、本書をお読みいただいた皆様から忌憚ないご意見をいただければ幸いです。

　　「教育は何のためにあるのか。そして教育に関わる私たちに
　　は何ができるのか？」

　卒業論文の「あとがき」に記された「問い」。中学校教師を目指していた10年前の私から、今の私へ投げかけられた「問い」です。いつかその「答え」にたどり着けるよう、長崎の地で一歩ずつ、自分の路を歩んでいきたいと思います。

　　　　　　　2018年3月　長崎大学キャンパスにて

　　　　　　　　　　畑中　大路

索引

(50音順)

あ

新たな職　　9, 21, 27
あるべき姿　　14, 80, 129
アンケート　　37, 41, 49, 110
暗黙知　　24, 25, 84, 85

え

エスノグラフィ　　13, 17, 35, 36, 56, 76, 79, 114

お

応用　　17, 85, 115, 121, 123, 125, 130, 131, 132

か

改善策の可視化　　94, 95, 99, 100, 101, 105, 108, 118
概念　　81, 82, 86, 87, 88, 89, 92, 93, 94, 96
仮説検証　　25, 81
学級経営　　64, 66, 68, 70, 72, 73, 74, 112
学校運営協議会　　9, 131
学校教員統計調査　　18, 127
学校経営研究　　10, 12, 13, 14, 15, 28, 35, 115, 125, 130, 131
学校経営プロセス　　10, 13, 15, 18, 131
学校評価　　86, 87, 91, 92, 100, 104
カテゴリー　　81, 82, 87, 88, 89, 92, 93, 94, 95, 96
管理職　　20, 28, 34, 42, 53, 96, 100, 106

き

キーパーソン　　20, 22, 119, 120
企画委員会　　39, 40, 41, 42, 45, 46, 47, 48, 53, 56, 110, 111
基盤の構築　　94, 95, 105, 108, 119
客観　　24, 83, 84, 89
教育実践　　96, 103, 115, 121, 130, 131
教育センター　　14, 116, 121, 122, 123, 124, 125, 126, 127
教員年齢構成　　9, 10, 23, 28, 121, 133
教務主任　　20, 29, 31, 33, 34, 41, 56, 91, 97, 98, 100, 107, 110, 111

く
グラウンデッド・セオリー 15, 80, 81, 82, 84, 121, 131

け
経営層　16, 19, 117, 120
形式知　24, 25, 84
継続的比較分析　81, 82, 86, 87, 88, 90
研究紀要　58, 77, 78
研究主任　20, 26, 29, 59, 62, 64, 67, 71, 75, 76, 91, 97, 99, 102, 103, 104, 113
研究推進委員会　26, 61, 66
研究知　125, 130
研究テーマ　85, 92, 129
研究方法論　10, 13, 15, 35, 80, 84, 85, 125, 130, 131
現実　13, 16, 25, 26, 27, 28, 30, 35, 48, 53, 81, 94, 96, 102, 117, 118, 120, 133
現実との対峙　94, 95, 96, 98, 99, 100, 105, 108, 118

こ
校舎増築 33, 36, 37, 39, 52, 110
校内研修 13, 17, 25, 26, 30, 57, 87, 100, 101, 112, 114
校務分掌 20, 26, 33, 41, 91, 107
コミュニケーション 11, 34, 41, 54, 55, 66, 94, 95, 100, 105, 106, 107, 113, 114, 120, 124

さ
参与観察　13, 34, 35, 55

し
自己肯定感　58, 60, 62, 63, 64, 66, 71, 73, 75, 77, 112
実践層　16, 19, 98, 104, 117, 120
実践知　23, 125, 130
質的研究　12, 35, 80, 83
指導教諭　9, 21, 22, 27, 29
事務　44, 45, 56
周囲の「思い」の察知　94, 95, 101, 102, 108, 119
修正　46, 49, 50, 51, 69, 76, 111, 113, 125, 131, 132
主観　77, 83
主幹教諭　9, 21, 22, 27, 29
授業公開　64, 67, 75, 76, 91, 101, 113
主任・主事　20, 22, 23, 29
職員会議　51, 56, 100

職員室 32, 38, 40, 41, 43, 44, 45, 46, 48, 49, 50, 51, 56, 90, 120

自律 9, 11, 12, 15, 28, 56

事例 14, 17, 31, 54, 57, 60, 75, 79, 80, 109, 110, 112, 129

新校舎 40, 42, 46, 47, 48, 50, 51, 52

す

垂直型組織 11

水平型組織 11

スクールヒストリー 17, 59, 60, 76, 77, 79, 114

ストーリーライン 89, 93, 95, 96

せ

成長の探求 94, 95, 96, 98, 99, 100, 105, 108, 109, 110, 112, 118, 132

説明と予測 15, 28, 80, 109, 131

そ

相互作用 15, 16, 27, 54, 75, 76, 79, 81, 84, 86, 114, 124, 130

組織的知識創造 24, 25, 26, 27, 28, 30, 54, 84

疎結合構造 11, 28

た

対極比較 88

担任 22, 34, 41, 68, 91, 120

ち

中堅教員 22, 29

て

提案授業 61, 62, 64, 65, 112

と

特別支援 56, 91, 96, 98, 99, 100

トップ 16, 19, 20, 26, 27, 29, 96, 102, 107, 117, 118, 119, 130

な

ナレッジマネジメント 24

ふ

分析焦点者 85, 86, 88, 130, 131

163

分析テーマ　　85, 86, 88
分析ワークシート　　84, 86, 87, 88, 89
文脈　　13, 35, 36, 85

へ
ベテラン　　9, 10

ほ
保護者・地域　　9, 33, 36, 37, 38, 53, 110
ボトム　　16, 19, 20, 26, 27, 96, 98, 102, 103, 104, 106, 117, 118, 119, 130

ま
巻き込み　　53, 54, 56, 75, 76, 80, 86, 90, 94, 95, 96, 102, 103, 105, 108, 109, 114, 119, 120, 129
マトリクス型組織　　11

み
ミドル期　　22, 23, 24, 89, 133
ミドルリーダー育成　　9, 17, 28, 85, 115, 116, 121, 123, 129, 132, 133

や
役割期待　　10, 16, 21, 28

り
理想　　16, 26, 27, 53, 94, 96, 117, 118, 120
領域密着理論　　81, 82, 85, 109
量的研究　　12, 80
理論的サンプリング　　88, 90
理論的飽和化　　88, 89

わ
若手　　9, 10, 33, 67, 69, 76, 113, 121, 127
枠組　　14, 80, 109, 122, 129

著者紹介

畑中　大路（はたなか たいじ）

1986 年、長崎市生まれ。

九州大学教育学部卒業、九州大学大学院人間環境学府博士後期課程修了。博士（教育学）。山口東京理科大学 助教を経て、2016 年度より長崎大学大学院教育学研究科 准教授。専門は教育経営学。「ミドルリーダー・学校管理職候補者の育成」を研究テーマとし、現在、長崎県教員とともに授業改革・学校改革プロジェクトに取り組んでいる。

M-GTA モノグラフ・シリーズ—4

学校組織におけるミドル・アップダウン・マネジメント————
アイデアはいかにして生み出されるか

発　行 ——2018年8月6日　第1刷発行
　　　　——定価はカバーに表示
著　者 ——畑中大路 ©
発行者 ——小林達也
発行所 ——ハーベスト社
　　　　〒188-0013　東京都西東京市向台町 2-11-5
　　　　電話 042-467-6441
　　　　振替 00170-6-68127
　　　　http://www.harvest-sha.co.jp
印刷・製本　(株) 平河工業社
落丁・乱丁本はお取りかえいたします。
Printed in Japan
ISBN4-938551-100-0　C3037
© HATANAKA Taiji, 2018

本書の内容を無断で複写・複製・転訳載することは、著作者および出版者の権利を侵害することがございます。その場合には、あらかじめ小社に許諾を求めてください。
視覚障害などで活字のまま本書を活用できない人のために、非営利の場合にのみ「録音図書」「点字図書」「拡大複写」などの製作を認めます。その場合には、小社までご連絡ください。

M-GTA モノグラフ・シリーズ
M-GTA の分析例と実践的応用

M-GTA（修正版グラウンディッド・セオリー）の応用例を M-GTA 研究会の会員による研究成果で具体的に示すシリーズ刊行開始。

M-GTA による生活場面面接研究の応用
実践・研究・教育をつなぐ理論
小嶋章吾・嶌末憲子著　本体 1800 円　M-GTA モノグラフ・シリーズ 1
978-4863390638
M-GTA を用いた研究結果である「生活場面面接体系化のためのプロセス理論」が、研究面、実践面、教育面、政策面にどのように応用ないしは反映され、さらなる研究へと発展しえたかについて紹介するものである。社会福祉研究においては、「実践の科学化」（岡本民夫）が目指されて久しい。この遠大だが、社会福祉実践にとっては焦眉の課題への一助となることを望んでやまない。

ケアラー支援の実践モデル
木下康仁編　本体 2300 円　M-GTA モノグラフ・シリーズ 2
978-4863390683
ケアラー支援の必要性が理解されさまざまなレベルで拡充していくためには、なによりも当事者を日常生活レベルで理解することが不可欠であり、支援の施策化が充実していくためにはライフスタイルとしてのケアラー体験という一般化した認識が社会的に共有されていく必要がある。

日本語学習動機とポップカルチャー
カタールの日本語学習者を事例として
根本愛子著　四六　本体 ¥1800　M-GTA モノグラフ・シリーズ 3
978-4863390737
ポップカルチャーが日本語を学ぶ動機になるってホント？「ポップカルチャーが学習動機となる」とわたしたちが考えていることを知っている学生は、本当の理由を隠してわたしたちが喜ぶ話をするのだ。中東カタールの日本語学習者にたいする調査をとおして、日本語を学ぶ動機とポップカルチャーとの関係を追究する。

ハーベスト社